哲学から〈てつがく〉へ！

対話する子どもたちとともに

森田伸子

勁草書房

お茶の水女子大学附属小学校の
先生たちと子どもたちに
心からの感謝と敬意をこめて

はじめに

子どもの哲学をめぐる状況は、私が一〇年前に『子どもと哲学を』（勁草書房、二〇一一）を世に問うたころと比べると、ずいぶん変わってきたように思われる。当時海外ではすでに多くの試みがあって、その一端を私も文献で知り、同書で紹介もしたのだが、少なくとも私の身近では、まだまだ学校で子どもたちが哲学する、という光景を見ることはできなかった。同書で私が取り上げたのは、やっと言葉を覚えたばかりの幼児期から思春期までのさまざまな子どもたちの言葉だったが、それはいずれも、学校の外で、たいていはひとりでぽつんとたたずんでいる子どもたちの言葉だった。幼い子どもが遊びの途中で、ふと頭をあげて不思議そうにひとりごとのようにつぶやいた言葉を、身近にいた大人がキャッチして文字に残したもの。思春期と呼ばれる年齢の子どもたちが、こっそりと自分だけのノートに書き残して行ったもの。それらの言葉が、私があの時いっしょに哲学した相手であった。ノートに記された言葉は、およそ学校という場所に持ち込むにはふさわしくない言葉だ、とおそらくは当の子どもたちは思っていたにちがいない。だからそれらの言葉は、あるとき、まわりの大人たちがノートの存在に気づき、ノートを取り上げて開いて見るまで、ひっそりとだれにも知られないままにそこに身を潜めていたのだった。私が『子どもと哲学を』という本を書こうと思ったのは、これらの言葉の中に、子どもたちが、それと知らずに哲学している声を、あるいは、それと知らずに哲学を希求している切実な声を聞いたように思ったからである。この声を聴いてくれる人たちがいるなら、それをその人たちになんとかして届けたいという思いが、思想史研究という自分の専門からかけはなれたこのような本を書くという大それた行動を私にさせてしまったのだった。

この本の最後に、私は、学校の中にほんの小さな隙間でよいから、哲学する時間を滑り込ませることはできないものか、と書いた。哲学を求めている子どもたちはたしかにいる、そしてその欲求は、時に子どもの生死にかかわるような切実な欲求なのだとしたら、この欲求に応えるのは大人の責務ではないか。そしてそのための場所は、子どもが学び、成長することのためにもっぱらしつらえられているはずの学校をおいてであろうか。そう単純に考えたからである。子どもが起きている時間の大部分を過ごす学校という場所。その膨大な時間のほんの少しを、この欲求に応えるために割いてもいいではないか。なにも、学校の正面玄関から堂々と入ろうというのではなく、校庭に面した子どもたちの通用口のかたわらにあるささやかな花壇のかたすみに、哲学の種をちょっと撒かせてもらう、といった感じであった。イメージとしては、ちょっと変わった先生のまわりに、ちょっと変わったことを考えるのが好きな、あるいは、考えずにいられない子どもたちが週に何回か集まる、自由選択の時間、あるいは、クラブ活動の時間、といった光景を描いていた。

そして今、日本の各地で、自由選択やクラブ活動の時間ではなく、正規の授業時間（その多くは道徳の時間が使われているようだ）に、子どもたちが哲学対話を繰り広げる学校が増えてきている。哲学の時間は、学校の中で少しずつ市民権を獲得しつつあるように見える。昨今のグローバル化に応える新しい能力として「考える力」を重視し、この力を養成するもののひとつとして「考える道徳」を教科として位置づけようという国の方針も、そこには後押しする力として働いているようだ。私は、自分が前著の中で漠然と表明した願いが、このようにして現実化されていく様子を、複雑な思いで見ていた。哲学が学校の中に受け入れられていくという悦ばしい思いがある一方で、あのひとりでそっと自問自答の言葉をノートに書きつけていた子どもたちの求めていたものとこの哲学の時間とを、自分の中でうまくつなげることができなかったからである。

私がお茶の水女子大学附属小学校から声をかけられたのは、こんな状況の中でのことであった。同校では、二〇一五年度から研究開発課題として「てつがく」という教科の創設を掲げた四年間の共同研究をスタートさせていた。その研究課題は、以下のようなものであった。

「道徳の時間」と、他教科の関連を図り、教育課程全体で、人間性・道徳性と思考力とを関連づけて育む研究開発を行う。そのために、自明と思われる価値やことがらを、「対話」や「記述」

などの多様な言語活動を通して問い直し考える新教科「てつがく」を創設する。

ここに書かれている文章を読む限り、「てつがく」はまさに時代の変化の中で必然的に要請されてきたものとして位置づけられている。しかし、校内研究会の講師として依頼された時、私はこうした背景のことをとりわけ考えたわけではなく、ただ私の書いた『子どもと哲学を』に共感を持ってくれたという小学校の先生たちが、どのようにしてあれらの子どもたちの声を受け止め、そこからどのようにして教科としての「てつがく」の時間をたちあげようとしているのか、それを聞いてみたいという思いからその依頼を受けたのだった。二〇一五年の秋の日の午後、子どもたちのいなくなったがらんとした校舎の一室で行われた校内研究会は、アットホームで、知的刺激に満ちた楽しい会であった。「てつがく」の時間というはじめての試みにとまどい、迷いながら手さぐりする教師たちの姿は、そのまま、自ら哲学する教師の姿であり、それは私にとって、それまで「教育現場」という言葉で表現されてきたものを新しい目でとらえ直す新鮮な経験であった。この時の新鮮な思いは、以後、恒常的にこの共同研究に関わることになって今日にいたるまで、少しも変わることはない。哲学することが子どもたちにとって、そして自分たちにとって確かに重要な意味を持つという漠然とした確信に支えられつつ、その具体的なイメージをつかめないまま、迷い、悩み、そして互いに率直に疑問を投げかけ合う教師集団の存在こそが、私が非力を顧みずにこの研究に同行者として関わろうと決心した動機であった。しかし同時に、前著で私が聞いた子どもたちの、いわば実存的で存在論的ともいえる哲学への希求と、今始まったばかりの「てつがく」の時間との関係をどう結びつけるのか、ということは依然として宿題のまま残された。

こうして宿題を抱えたままの状態で、同校の「てつがく」の時間を共にすることが始まった。それから四年余り、多くの授業を参観し、その後に授業者と参観者で行われる「協議会」と呼ばれる検討会にも参加してきた。参観した授業は、「てつがく」の時間が中心であったが、それ以外のさまざまな教科もあった。同校では、上記の研究課題にあるように、「てつがく」と他教科との内在的な関係が特に重視されている。そこではむしろ、算数や理科や社会や国語といったいわゆる知識的な教科も、さらには、図工や音楽や体育といった技能的な教科も、すべての教科の根底に「哲学する」心が働いているはずだと考えられていて、「てつがく」の時間はこの「哲学する」心を、各教科の特殊性が課すしばりからはなれてよりいっそう自由に解き放つ時間として位置づけられている。公開授業というしばりの中でわずかに参観することができた算数や理科や社会や保健体育の授業では、しばしば目を見開かせられるような新鮮な驚きを経験させられた。これらの経験すべてについて取り上げることは、私の力に余ることだった。本書では、「てつがく」の時間のうちのほんの一部のものを取り上げることができただけである。より詳しくは、同校の関連する出版物を参照していただきたい[1]。

「てつがく」の時間の一時間一時間は、私にとっては授業参観の時間というよりも、私自身が哲学する時間であった。私は「教育学者」としてでも、ましてや「指導者」としてでもなく、ひとりの哲学する人間としてこの時間を共有してきたのだった。このような参加の仕方は、研究協力者としてはいかがなものかと、しばしば反省もしたが、実際私にはそうした参加の仕方以外はできなかったのだ。この時間を通して、私はそれまで目にしたことない新しい哲学のすがたが目の前に広がるのを見てきた。

取り上げるテーマはあらかじめ何回かの話し合いで子どもたち自身によって決められていた。テーマを決める所から「てつがく」の時間は始まっており、たくさん出されたテーマから関連しあうテーマが分類され、その中で一番要望の多かったテーマが選ばれている。このテーマ設定の過程で出た問いは、対話の中でもしばしば重要な問いとして想起され、ときに対話の流れをおしとどめ、時にそれを先に進めるものとなっていた。他の哲学対話の例にあるように、子どもたちは椅子を大きな一つの輪にならべて座り、教師はその輪に加わって座っていることが多かった。対話の始まりの時には、本書の八つの章でとりあげられたそれぞれのテーマは、どれもまるで先の見えない鬱蒼と茂った森のようであった。とりあえず子どもたちは繋った枝をかき分けながら先に進んで行く。別の方向に進んだ子どもの呼び声が聴こえれば、みんなでそっちへ行ってみる。木の根元にある小さな生き物に気をとられて立ち止まったり、ぐるっと回って同じところにもどってみたり、それは、皆で声をかけ合いながら手さぐりで進んで行く気ままな冒険の道のりのようでもあった。子どもたちの対話は実に屈託なく自由で、時にはハッとさせられ、時にはなるほどと思わず感心させられ、そこで収まるかと思った瞬間、別の子どもの「でも……」という言葉によって再び振り出しに戻されたりと、ジグザクに進んだ。それは自由で気ままでありながら、同時に、実に執拗で粘り強かった。この対話はいったいどこに向かうのだろうとハラハラすることも多かったのだが、授業者はと言えば、あちこちの茂みから聴こえる子どもたちの声に注意深く耳を傾けながら、迷子になっている子どもがいないかを慎重にたしかめつつ後ろから黙ってついて行くだけである。そして終業時間が近づき、森の中に何度も踏みしめられた跡にうっすらと見えるか見えないかの「てつがく」の道ができるころ、教師が声をかける。「今日はここまでにしましょう。ノートに今考えていることを書いてください」。自分たちが作った「てつがく」の

註

（1）お茶の水女子大学附属小学校・NPO法人　お茶の水児童教育研究会編著『新教科「てつがく」への挑戦――〝考え議論する〟道徳教育への提言』東洋館出版社、二〇一九年。
お茶の水女子大学附属小学校編『学びをひらく――ともに〝てつがくする〟子どもと教師』第七九回教育実際指導研究会　発表要旨、二〇一七年。

同『学びをひらく――ともに〝てつがくする〟子どもと教師』第八〇回教育実際指導研究会　発表要旨、二〇一八年。

同『学びをひらく――ともに〝てつがくする〟子どもと教師』第八一回教育実際指導研究会　発表要旨、二〇一九年。

同『学びをあむ――新領域「てつがく創造活動」を中核とする教育課程の開発』第八二回教育実際指導研究会　発表要旨、二〇二〇年。

小道をあらためてふりかえって見ながら、それぞれのおどろきや疑問を子どもたちが書き記して「てつがく」の時間は終わる。

こうして「てつがく」の時間がひとまず終わった時点で、私は脳みそをかき混ぜられたような状態で取り残される。協議会に場所を移すと、他の参観者たちも、そして授業者自身も、私とほぼ似たような状態にいるらしいことがわかる。それから一時間以上、今聞いたばかりの対話についての対話が続く。それも終わって一人帰途につく途中、今度は私の中で今聞いてきた対話と私自身との対話が始まる。そしてこの対話はその後もずっと続き、その結果が本書の八つの章になったというわけである。

これをまとめる過程で授業者の先生たちに協力を求め、当日のものだけでなく、それに先立つ関連する授業の記録も可能な限りお借りした。教科として構成されているお茶小の「てつがく」は、すでに述べたように一回限りのものではなく、子どもたちの探究が続く限り、同じテーマが角度を変え、形を変えてくりかえされており、複数回の対話記録を見ることで、子どもたちの発言の背景をよりよく理解することができたからである。対話終了後の短い時間に子どもたちが記した、ふりかえりの記録もお借りすることができた。それを読むと、発言しなかった多くの子どもたちが、いかに注意深く他の子どもたちの声に耳を傾け、いかに深く思考していたかが手に取るように感じられた。こうして、出来事としての対話から聞き取った声と、文字記録から聴こえてくる声との両方と対話することによって、やっと私なりにあの対話の中で問われていたこととその意味を再構成することができたのだった。

この作業は私にとってはじめて知る心躍る経験であった。子どもたちが森の中に分け入ってあちこち彷徨しながらいつの間にか小さな道を残したように、ちょうどそれと同じようにして私は対話で交わされたさまざまな子どもたちの言葉の森を分け入り、子どもたちが残したこの道を発見し、たどり直してみようとした。この試みが成功したかどうかは、実際に子どもたちに聞いてみなければわからないのだが、当の子どもたちの多くはもう卒業してしまっているか、たとえまだ在学していても、あの対話をあとから正確に再現することはできないだろう。対話する、ということはたぶんそうしたことであるに違いない。対話は生き物であり、「てつがく」の時間の中で生まれ、時間の中を勢いよく駆け抜けて、ただ痕跡だけを残して消えていく。てつがくすることは、貯金箱に一つずつ確実な知識を蓄えていくことはちがう。だから後でそれを数えてみることはできないのだ。それは生きる時間を経験することそのものであり、時間そのものを豊かに経験するための多くある仕方の一つである。私は、いわば半分第三者のようにしてこの経験に伴走してきた立場から、このまま消え去ってしまうにはあまりに貴重なこの痕跡が描く小道を、文字の形で書き残してみたのである。子どもたちがいつか何かの折にこれを読んで、遠い日の「てつがく」の時間を懐かしく思い出してくれることがあったら、うれしく思う。しかし本書はむしろ、哲学することにいくばくかの関心を抱く世の大人たちに向けて、子どもという存在が、自由で安全な時間と場所とそして対話する仲間が与えられれば、かくも生き生きと、かくも粘り強く、かくも本格的に哲学的思考に没頭できるものであることを、知ってもらいたいという思いから書き始められた。学校での哲学対話の実践についてはすでに多くの関連書が出版されているが、子どもたちが一つのテーマを何時間もかけて執拗に、粘り強く探究し続けた記録は未だあまり多くはない。哲学の真骨頂は、そのしつこさと粘り強さにある。子どもたちが飽きることなく一つのテーマを考え続けたのは、考えることそれ自体が面白かったからに違いない。考えれば考えるほどに、わからなくなり、わからなくなればなるほどに、考えることは面白くなってくる。本書を書くことで、私はこのおもしろさを子どもたちと共有することができたように思う。

冒頭に書いた私の宿題はまだ残っている。この「てつがく」の時間と、『子どもと哲学を』の子どもたちが求めていた哲学とはどのような関係にあるのだろうか。両者は一見、あまりに違っているようにも見える。哲学する方法は一つではないことはたしかだとしても、そこにはやはり道が、あるいは、踏み固めるべき道が存在しているのではないだろうか。このことについては、八つの対話記録を終えた後に、あらためて終章で考えてみることにしたい。

哲学から〈てつがく〉へ！——対話する子どもたちとともに／目次

第四章　夢について ……………………………… 59

第五章　自由について
——何が人間を不自由にするのか …………… 81

第一章　時間について

この章では、かのアウグスティヌス(2)をも悩ませた、哲学の難問中の難問である「時間とは何か」というテーマについての子どもたちの対話をたどり直してみることにしよう。この問いについて、六年生のある学級では、実に授業時間にして一〇時間にわたって対話がくり広げられている。

日常の時間—時計とタイマー

アウグスティヌスが言っているように、時間という言葉ほど日常的によく使われる言葉はない。子どもたちがすぐ思いつくのは、「時間がない」、「時間に追われる」、「もう時間だから」といった言葉である。子どもたちの学校生活自体が、登校時間から始まって、四〇分の授業、休み時間、下校時間と、すべて時間に従って進んでいく。子どもたちはいつも壁にかかった時計を見ながら、あと何分で授業が始まる、授業終了まであと何分と考えながら過ごしている。すでに述べたように、「てつがく」の時間は、教師の「それではもう時間ですからここまでにしましょう」という言葉で終わる。その時、子どもも教師も壁の時計に目をやる。時計が時間を教えてくれるのだ。日常の時間とは、すなわち、時計が刻むところのものである。ならば、「時間がない」とか「時間に追われる」といったことがどういうことなのかを実感するには、しばらく時計のない生活をしてみればよいのでは。そこで子どもたちは教室の壁から時計を外して生活する実験をしてみることにする。せき立てるように時を刻む時計がないのだから、「時間に追われ」たり、「もう時間がない」とか言って焦ることもなくなるのではないだろうか。結果はいかに。

しばらくの間時計を外して生活してみた結果は、ほぼ二対一の割合で時計を元に戻したいという子どもが多く、あえなく時計は壁に戻された。時計があった方が良い、という理由は、時計がないと、あとどのくらい時間が残っているのかわからず、気になって落ち着かない、不安である、予定が立てられない、というものである。他方、半分以下ではあるが、時計がない方がよかった、という子どもの中には、例えば算数の問題を解くとき、時計がないと時間を気にせずに集中して取り組むことができると答えている者もいれば、休み時間はまだまだだと思っているときに、突然、授業終了の時間になって、ラッキーという感じが良いんだ、と言う者もいる。こうしてみると、時計があった方が良いという子どもは、どちらかと言うと「心配性」「几帳面」な子どもで、ない方が良いと言う子どもは、どちらかと言うと「のんき」「マイペース」な子どもだったのだろうか。

言うまでもなく、この実験は不完全な実験である。教室の壁の時計は外されても、学校全体の時計はしっかりと動いているし、教師はどうも腕時計をしていたようだし、「チラ見をする」という言い方をしているところを見ると、教室のどこかに時計はあったらしい。授業終了の時間は、他のクラスの子どもたちが騒がしく廊下を歩きだす様子で知ることもできた。子どもたちが本当に時計のない生活を経験するためには、最低限、学校中の時計を無くしてみる全学的な実験が必要だし、もっと言えば、世界中の時計を無くしてみなければならないだろう。「世界哲学デー」

(2) アウグスティヌス『告白録』第一一巻第一二章―三一章『アウグスティヌス著作集五・Ⅱ』宮谷宣史訳、教文館、二〇〇七年。一二章の冒頭には、こういう文章がある。「さてわたしは、神は天と地を創造する以前、何をしていたのか、と言う者に答えます。あるひとは質問をさげすみ、冷笑して次のように答えたそうです。「神は深遠な奥義を詮索する人々のために地獄を準備していた」。わたしはそのようには答えません。質問を探究することと、嘲笑することとは別です」。これ以後の各章において、アウグスティヌスは、時間というものの不思議さを神学者としてではなく哲学者としてどこまでも真摯に「探究」し続けている。ちなみにこの引用した箇所を、現代の宇宙学者の一人、サイモン・シンはその著書『宇宙創成』(青木薫訳、新潮社、二〇〇九年)の末尾で引用している。彼は、未だ明らかにされていない「ビッグ・バン以前はどうなっていたのか」という問いを執拗に問うことで、ビッグ・バン説自体を否定しようとする人々に対して、アウグスティヌスが引用しているこの文章でもって答えるのも「一つの手かもしれない」と述べている。このような「手」は哲学的探究とは無縁の「嘲笑」にすぎないとアウグスティヌスは言うだろう。

といったものが作られれば、そういう実験も可能かもしれない。

しかしともかく、このささやかな実験で子どもたちが確認したのは、時計の時間というのは、人間が自分たちの行動に「しばり」や「わく」や「制限」や「基準」といったものをもたらすために、わざわざ自分で時間に「仕切り」を入れて、自分で自分を縛っているのだということだった。なぜ人間はわざわざそのようなことをしているのだろうか。なんで人間は自分で自分を縛るようなことをするのか。たぶんそこには何らかの意味があるのだろう。ある子どもは「教育っていう……」という言葉を口にしている。あるいは、「自分で自分を育てるために仕切りを入れていく」とか、「人間は学校に来て自分から縛られている」いう言う子どももいる。小学生が、時間ということから、「しばり」や「仕切り」へ、そして、そこから、「教育」や「学校」や「自分で自分を育てる（＝自己形成？）」ということへ、と思考を広げている。そちらに行けばまた、この授業は新しいテーマに向かうことになったかもしれない。しかし、子どもたちの関心は、一貫して、時間というものそのものの不思議さに向けられている。この不思議さが子どもたちを一〇時間の授業に引き寄せ続けたのだ。

時計の実験から子どもたちが引き出したとりあえずの結論は、「時計は時間の流れを分かりやすくあらわした便利な道具である」というものであった。この「道具」という観点から、子どもたちは時計と似たような道具として「タイマー」のことにも言及している。時計の時間は現在から未来へ（子どもたちは↓として表現している）であり、タイマーの時間は未来から現在へ（同じく↑と表現している）であるように見えるけれど、時間が逆に動いているわけではない、単に表示の仕方が、時計と逆なだけで、時間はやっぱり同じように↓に流れていると子どもたちは結論している。たしかに、時計の時間の進み方一分↓二分↓三分というのと、タイマーの時間の進み方三分↓二分↓一分↓0という進み方のちがいは、時間を未来に向かって進んでいくものとして数える数え方と、未来のある一点を終点と定めて、そこから現在への残り時間を数える「数え方」のちがいである。子どもたちが「授業時間はいつ終わるか」「休み時間はいつ終わるか」と気にしているときも、実は、タイマーの時間で考えていたとも言えるかもしれない。いや、「授業はいつ始まるか」でさえもそうだ。大体時間が気になる時は、ある決められた未来の時間までに、あとどれくらい時間が残っているかと考えているのだから。私たちの日常の時間のほとんどは、むしろ、タイマーの時間であると言ってもいいのではないだろうか。時計がないとかえって落ち着かない、と言う子どもたちは、「……までにあとどれくらい時間が残っているか」が気になって仕方がないのである。このことをもっと突き詰めていけば、究極の終わりに時間をセットして、そこから時間を逆算する見方に行き着く。人生の終わりの時間にタイマーをセットして、そこからの残り時間として生の時間を考える見方（世に言う、「末期の眼」）や、あるいは、世の終わりからの残り時間として歴史を見る「終末論」と呼ばれるものがそれであろう。もっとも、授業時間の終わりははっきりと決まっているから、時計やタイマーで数えることができるが、私の命の終わりや世界の終わりは、はっきりと決まっているわけでもなければ、勝手に決めるわけにもいかない。神学者は、神さまがその大きな手で見えないタイマーをセットなさっている、と答えるかもしれないが、いずれにしてもそれがどの時間にセットされているかを、私たちは知りようがない。「末期の眼」とか「終末」という考え方は、この知りえないものを、あえて常に考慮に入れながら（ということは、いつも次の瞬間が終わりの時間であるかのように）生きるという生のあり方を指しているのだろう。もちろん、子どもたちにとっては、「末期の眼」や「終末の思想」は今のところ無縁のように見えるのだが。

他方、時計がない方が集中できる、と言う子どもは、たぶん残り時間についてあまり考えずに、現在に集中する子どもなのだろう。この違いは、「ムダな時間」ということをめぐる対話に、形を変えて出てきている。勉強することになっている時間を、ゴロゴロしたり、ぼーっとして過ごしてしまい、ああ、時間をムダにしたと後悔したり、罪悪感を持ってしまう、と言う子どもがいる。そういう子どもはたぶん、残り時間のことを考え、ムダな時間を過ごしてはいけないと感じる子どもなのであろう。一方、ムダな時間なんてない、その時間がムダだったかどうかは死ぬまで分からない、と言う子どももいる。きわめつきの発言は、「ムダな時間も役に立つ、ムダな時間を省いてしまえば、こんなこと（時間とは何か）を話し合うことはない」というものである。たしかに、「てつがく」はあまり役に立たなそうなムダな話ばかりしている時間ではある。それに対しては、ムダという言葉の辞書的な意味は、「役に立たない」という意味だから、「ムダな時間も役に立つ」といった言い方は、「役に立たない時間は役に立つ」という矛盾した言い方になってしまうという反論がでる。これに対しては即座に、「ムダな時間も役に立つ」、と言うのは、「ムダに思える時間も役に立つ」という意味だから矛盾じゃない、という反論が出されている。「他人からはムダに見える過ごし方であっても、本人にとってはごろごろ寝ていることで気分が良くなったり、考えをまとめたりすることができ、有意義なこともある」と言う子どももいる。「てつがく」の時間も「ムダな時間」ではなく、「ムダに思える時間（しかしムダではない時間）」として子どもたちは認識しているのだろうか。

こうして、日常的な時間をめぐる議論は、時計とタイマーという二つの「便利な道具」を中心にしつつ、人間と時間の関係、時間の数え方、個々の人間の時間の感じ方の違いなど多様な方向に発展している。しかしながら、一〇回に及ぶ対話を通して、子どもたちがくり返し立ち返っていた問いは、そうした日常的時間と背中合わせに存在する「時間そのもの」についての問いであった。このテーマは究極的には、「時間がなかったらどうなるか」という思考実験へとつながっていく。こうした対話の検討に入る前に、時計についての子どもたちの結論をもう一度見ておこう。

人間が作った時間

「時計とは、流れる時間を分かりやすく表示するために、人間が作った便利な道具である」

人間は流れていく時間に仕切りを作り、その仕切りに従って刻々と数字を刻んでいく時計という道具を作り出した。時間に追われるという日常的な経験から出発した子どもたちにとっては、人間だけが持つこの時計の時間がまず気になる。おそらく子どもたちは、時計も数字も持たない動物は時間に追われたりはしない、人間だけが時間に追われるのだと感じている。つまり、人間を追いかけ、縛りつける時間は、「人間が作った時間」である。そしてさらにそこから「時間を作ったのは人間です」という結論を引き出す子どもが出てくる。これは、アリストテレスが『自然学』の中で述べている時間論を想起させる考え方である。アリストテレスは、時間を運動との不可分の関係でとらえることから出発する（後に見るように子どもたちも同じように考えている）。私たちが「時間がたった」と言うのは、何らかの運動があり、その運動の前と後とを知覚するときにである、と彼は言う。しかし時間とはただ知覚された運動なのではなく、「数を持つものとしてのかぎりにおける運動なのである」(3)。簡単に言えば、運動を計測し、それを数によって表現したものが時間なのである。もろもろの運動の中で、アリストテレスが他の運動を測り、時間を測る基準となる運動としてあげているのは、「天球の運動」であり、ゆえに、「時間はすなわち天球の運動である」と述べている。これは今子どもたちが問題にしている時計の時間のことをそのまま指している。時計の時間とは、繰り返される太陽の一日ごとの動きを計測し、それを二四時間と数えたものであり、さらに一時間を六〇分に分け、さらに一分を六〇秒に分けて数えたものである。数であるならば、必要に応じてさらに、〇・一秒へ、〇・〇一秒へと無限にどこまでも数えることができる（子どもたちはおそらく、スポーツの記録でこのような時間が語られているのを何度も聞いているだろう）。この知覚を超えた小さな時間の対極には、宇宙創成の一三七億年というやはり知覚を越えた大きな時間がある。極小の時間も極大の時間も人間が太陽の運動を計測し、分割し、「数を持つもの」とした運動＝時間に他ならない。数を持つものとしての時間は、何らかの運動と、数を数える人間がいなかったら存在しないだろう。このことを、ある子どもは、時間があるということは、「時間という概念」があることだ、と述べている。つまり、人間が測定し、数え上げ、「時間」と呼んでいるところのものが、すなわち時間である。

流れ去る時間

これに対して、アウグスティヌスは、自分が尋ねようとしているのは、「一日と呼ばれているもの、それは何か」ではなく、「時間とは何か」である、と言っている。確かにアリストテレスの時間論は「数を持つものとしての運動を私たちは時間と呼んでいるのであり、太陽が一周する間のことを一日と呼んでいるのだ」と言っているに過ぎない。そうではなくて、人間は確かに運動を測ることによって時間を測るが、測られた運動が時間なのではなく、時間の中に運動があるのだ、とアウグスティヌスは考えている。同じように、子どもたちも、時計の時間が時間そのも

（3）アリストテレス『自然学』第四巻第一〇章―一四章（井隆・岩崎允胤訳）『アリストテレス全集三』岩波書店、一九六八年。

のではない、それは「時間の流れ」を測る「道具」によって、そう呼ばれている時間に過ぎない、と考えており、そうした道具によって測られる「時間」そのものが道具とは関係なしに存在するのではないか、と考えている。その具体的な発言を拾ってみよう。

「時間は人間が作ったもの、人間は自分で作った時間に縛られている」という発言に対して、疑問を投げかける子どもの発言である。「人間て、死にどんどん近づいてるじゃないですか。それは人間がかってに自分を死に追い込んで縛っていることはなくて、時の変化が必然的なものだから……」。たしかに、時計がなくても、年を数える人がいなくても、人間は赤ん坊として生まれ、一定の時間がたつと年を取り、そして死んでいく。ある子どもはそれを川の流れにたとえて、流れて行って河口まで行ったらそこで終わり＝死ぬ、と絵に表して説明している。命の時間は一方向に川のように流れ、海に注ぎ、もう流れなくなる。それがその人の時間である。そしてこれは、人間が作ったものではなく、「必然的な」時の流れである。死まで行かなくても、人間は年を取ると、姿かたちが変化する、「老ける」。これもまた、必然的な時間がもたらす変化であって、数えようが数えまいがそこに時間は流れている。

これらのことは、別の子どもがふりかえりに書いていた、「植物の時間」というものともつながる。植物は種から芽が出て成長し花を咲かせ実を実らせ、そして最後は種を残して枯れていく。ここには確かに時間が流れているではないか。それを観察し、その成長の時間を測っている人間が誰一人としていないときにも、植物は同じように変化している。そしてそのような変化は確かに、時間の中でこそ生じているのではないだろうか。それを見て、その時間を数えている人間がいないとしても。

さらに、ある子どもは、私たちが声を出して言葉を話す、ということの中に時間の流れを見出している。「しゃべってるじゃないですか。さっきしゃべりはじめたところには戻れないじゃないですか。録音していればそれを聞くことによって気分だけ戻れるけれど。過去に戻ることはできない」。人間や植物の成長は、空間の中で生じる目に見える変化であるが、口から出る音声は形を持たない。しかしそれは確かに時間の中で生起している。「ぼくは」と言う時、「ぼ」という音に続いて「く」という音が、そしてさらにそれから「は（わ）」という音が続く。「く」の音声が発せられているときには、先の「ぼ」という音声はもう過ぎ去っている。「は（わ）」と言う時には「ぼ」も「く」も、もう過ぎてしまっている。録音した音声は元の音声とは別の物であり、テープを回して聞く音声は、単に「気分だけ」戻った気にさせるのだ、とこの子どもは言っている。「しゃべり始めたところには戻れない」のであり、それは時間が過ぎてしまったからなのではないか。

この、音と時間の関係はアウグスティヌスが言っている、似たようなことと深く関係しており、これ以後取り上げる内容とも関連するので、ここで少しアウグスティヌスに寄り道しておくことにしよう。

「さて、考えてみましょう。ある物体の音が響きはじめ、響き続き、まだ鳴り響き、今静まりました。その音は過ぎ去ってしまい、その音はもはや存在していません。その音は響きだす前は未来でした。そこではその音は測ることはできなかった。それはまだ存在していなかったからです。そしてそれは今も測れません。それは既に存在していないからです。それ故その音は響いていた時に測ることができた。なぜならその時にあの音は存在していたからです。しかしそのときでもその音は留まってはいませんでした。じっさいその音は移り行き、過ぎ去っていたからです」（アウグスティヌス　前掲書）

ここでは、音と時間について、二つのことが言われている。時間は音が未だ響いていない未来から、現に響いている現在へ、そしてもはや響いていない過去へと過ぎ去っていく。音はこの時間の中を絶え間なく過去へと流れていく時間の中で生起する。これは、子どもが話し言葉について言っていることである。もう一つは、音はけっしてそれ自体として測ることはできないということである。音は「移り行く」、言い方を変えれば「流れ行く」ものであり、その一点をとらえることはできない。過ぎ去った音は今はもうないのだし、これから来る音はまだないのだから、存在しないものをとらえることはできない。ならば現在はどうか。現在は過ぎ去る音とこれから来る音の接点である。いやその音は長く響く音だから測れるという向きに対しては、アウグスティヌスは長音の例を引きながら詳しく反論している。長い音はそれ自身のうちに、響き始めたときの過去の音（もうない音）とこれから来る未来の音（いまだない音）を含んでいるのであって、そこでも測れる音は存在しない。こうして、音を例にしつつ、彼は、一般に過去・現在・未来と呼ばれている時間について述べているのである。過去はもはや存在しない時間であり、未来は未だ存在しない時間である。そして現在は未来から過去へと移り行くその移行過程の「点」の時間、いわば過去と未来のはざまであって、広がりを持たない時間であり、やはり存在しない時間である。

時間のこうした特質は、音の流れにもっともよく表現されている、とアウグスティヌスは考えたように思われる。それは、アリストテレスが、時間を天球が空間を移動する運動から考えたのと対照的である。音も時間も両方とも、過ぎ去り、決して後戻りすることなく、移り行く。そして同時にそれは、空間の中に存在しているのではなく、流れそのものであり（しばしば時間は川の流れに例えられるが、川は水という物質が流れているのであって、物質を伴わない流れそのものである時間とは異なる）、それゆえ測りがたいものである。音楽はしばしば時間の芸術と呼ばれる。私たちは音楽を聴くとき、時間そのものに耳をすませているように感じる。あの子どもは、自分が話す言葉を自分で聞きながら、このことに気づいたのである。「てつがく」の時間は、みんなが話す声とともに進んでいく。一人の人間が話し始めた時間のところには決して戻れない。そして一時間ごとの「てつがく」の時間も、決してその最初の時間のところには戻れない。「てつがく」の時間は、不思議な時間の不可逆的な流れのなかでそれぞれ一回限りの、くりかえしなしの時間として過ぎて行くのだ。

この流れゆく、とらえ難い時間を考えるためには、どのようにすればよいのだろうか。アウグスティヌスは、その手がかりを人間の心の「記憶」と「期待」という働きのうちに求めたのだが、子どもたちの思考法は、もっと即物的である。彼らは、時間そのものを物のように対象化して考えてみる思考実験を行う。この思考実験は二つの段階にわたる。最初に、測り得ないもの、分割し得ないものである時間にあえて（時計について人がやっているように）「仕切り」を設けてみるという方法であり、ついで、そうやって設けてみた仕切りを今度は取り払って無くしてみる、という方法である。

時間の「仕切り」

あるグループが提案した時間の図がある（図1）。普通、時間を図で示すときは、一本の直線を描き、真ん中に現在という点、左側に過去、右側に未来と記されることが多い。しかしここで示されたのは、どこまでも続く横長の細長い直方体である。そしてこの直方体は等間隔に仕切られていて、仕切られた枠の中には、それぞれ一人ずつ人間が描かれている。この図は私に、宮沢賢治の『銀河鉄道の夜』の鉄道列車のことを思い出させた。たくさんの客車が連なった長い列車。ただし時間の列車の客車は人が一人だけしか入れない小さな客車であり、一人ひとりの乗客はみんなその小さな客車の窓からこちらの方を見ている。窓際の明るい光がその人をくっきりと映し

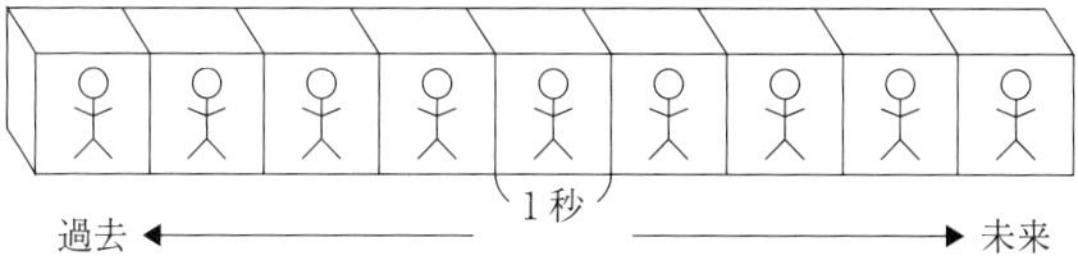

図1

出す。銀河の黒曜石のような黒い夜の中を、煌々と明かりをともした列車が通っていく。その明かりの中に、客車からこちらを見ている一人ひとりの人間の姿が浮かんでいる。その一人ひとりがみなジョバンニのようにも見える。

子どもたちは、この一つ一つの客車を「一秒」と呼んでいるが、それは「たとえば」の言い方だとことわっているところから見ると、必ずしも時計の一秒ということではないらしい。それは例えば、「今」と言いかえることも、「一瞬」と言いかえることもできそうな、時間の究極の単位を指しているのだろう。真ん中あたりの一つの客車が「現在」であり、それより進行方向の逆の左に続いているたくさんの客車が過去、同じく進行方向側の右に続くたくさんの客車が未来である。過去とは過ぎ去ったたくさんの「一秒」あるいは「今」のことであり、未来とはこれからやって来るたくさんの「一秒」あるいは「今」の集まりである。現在だけはただの「一秒」あるいはただ一個の「今」で示されている。

この図は、すでに述べたような従来の時間の表し方と似ているが、ある点で異なっている。従来の時間のイメージは直線であった。直線とは点の集まりである。そして点とは広がりを持たないものであるとされる。広がりを持たないものがずっと連なっていくと直線になる。直線は面積を持たず長さだけを持つものである。長さだけを持つ直線によって囲まれることで初めて広がり＝面積を持つ平面上の空間が存在し、さらにそこにもう一つの次元の直線が加わることで立体的な体積を持つ空間が生まれる。こうした直線の幾何学的な定義に従って表現された時間というのは、面積も体積も持たない不思議な存在である。直線は日常生活においては決して存在しない。いくら細く鉛筆の芯を削って点を打っても、必ずそこには小さい広がりがあるし、したがって直線もごくごく細長い長方形であるのだから。だから、「点」で表現された「今」が、どこまでも連なって直線となっている時間、というものは、どこで切ってもその存在をとらえることができない。幾何学の直線モデルのこうした時間のとらえ方は、アリストテレスにもアウグスティヌスにも共通していて、現代の哲学者アガンベンは、こうした時間を「否定的な」時間、あるいは「逆説的な無化された」時間と呼び、古代から現代にいたる西欧の時間のとらえ方は一貫してこのモデルに従っていると述べている(4)。

直線としての時間は、時間について厳密に考えようとするなら、アリストテレスやアウグスティヌスならずとも、誰でもが考えつくものである。「厳密に」ということは、日常的な具体的な経験をそこからできるだけ排除して、時間の特徴だけにひたすら目を向けて考えるということである。時間は物でもなく、空間でもなく、ただ過ぎ行くように見えるのだから、広がりを持たない点と線であらわすしかない。「てつがく」する子どもたちもまた、そのようにして、「時間とは何か」という難問に取り組もうとしたのである。しかし彼らは、どうしても具体的な経験から離れることはできない。彼らは、とらえ難い時間を「仕切る」という思考実験をしつつも、それを、点や線というそれ自体経験的には存在をとらえることのできないものに還元することはしない。それがあの小さな客車が連なった列車としての時間なのである。子どもたちの「一秒」あるいは「一瞬」は点ではなく、小さな客車のような空間として示されている。なぜそうでなければならなかったのか。たぶんそれは、そこに人間が入っていなければならなかったからであろう。人間が一瞬という時間の中に入っているためには、それは、面積を持たない点ではなく、立体でなければならない。それではなぜ、一瞬一瞬の時間の中に、人間が入っていなければならないのか。たぶんそれは、時間は人間の経験と切り離すことができないと子どもたちが考えていたからではないだろうか。ある子どもがふりかえりの中で、時間の流れということについて「時間が流れるのか、人間が流れるのか」と自問していた。時間と人間が一体となって動いていく列車の時間モデルは、この問いに対して一つの答えを出しているように見える。人間は時間と一緒に、決して時間から切り離されることなしに一緒に流れていく。時間の流れを、流れの岸辺に立って眺めていることはできないのだ。人間は時間の只中にしかいることはできないのだ。

「時間について考えることは、何よりも難しい。それは、私たちが時間をとらえることができないから、というよりは、時間が私たちを引きずって行ってしまうように思われるからである。

(4) ジョルジョ・アガンベン『幼児期と歴史』上村忠男訳、岩波書店、二〇〇七年。

私は、川を眺める時のように立ちどまって、時間の流れを眺めたいと思う。でもできないのだ。私が考えている間も、時間は私の思考を引きずっていくから(5)」。一九二六年、パリのリセという日本の高校にあたる年齢の学校で、一人の少女がこう書いている。書かれたのは、教科「哲学」の時間であり、少女は、後に三四歳そこそこで夭折したシモーヌ・ヴェイユである。フランスのリセでは哲学は将来の進路が理系、文系であるとを問わず必修となっており、フランスの哲学者たちの多くは、リセの哲学教授としてそのキャリアをスタートさせている。ヴェイユもまた若くして同じような道を歩んだ哲学者である。ちなみに、彼女のこの時の先生は、『幸福論』で日本にも読者の多い、哲学者アランであり、彼女はアランの優秀な生徒の一人であった。一世紀以上も前のこの哲学者の卵の少女が感じていたことと、今、時間について対話する小学生たちが感じていることは、たぶんそれほど隔たってはいないだろう。時間とともに流れていく自分を、子どもたちは小さな客車の中に収めてみるのだ。

「今」あるいは「一瞬」がこのようにしてその存在を保証されれば、過ぎ去ったたくさんの「今」も、これから来るたくさんの「いま」も共にその存在が保証される。過去のたくさんの「今」にも、未来のたくさんの「今」にも、それぞれに一人ずつ自分が乗っている。自分は、一瞬、一瞬にその時間と共にあるその時の自分であり、しかも、同じ自分である。こうして、時間の列車モデルは、現在・過去・未来という時間も、時間と共にある自分も、「否定的な」「無化された」存在としてではなく、存在するものとしてとらえることを可能にする。

時間の仕切りを無くしてみる

子どもたちの思考実験は、ここで終わらない。ではこの仕切りを無くしてみたら、時間はどうなるか、と続くのである。この問いは、「時間が無くなったらどうなるか」という究極の問いと関連して出されてきたものであった。当初から子どもたちは、この問いにとらえられていた。時計を無くしてみる、というのも、この問いへのとりあえずのアプローチであった。時計を教室の壁から外すのと違って、時間を無くするのは実験することはできない。できることは、あの列車モデルの時間の図を使って考えてみることだけである。そこで時間の仕切りを無くしてみる、という発想が出てくる。「仕切りを無くした時間」とはどんな時間だろうか。それは、あの小さな客車を区切る壁が無くなって横にどこまで広がる細長い空間となった時間である。そこには、現在・過去・未来という区別はなくなる。さて、こうした時間はどんな時間か。

子どもたちの考えは、三つに分かれたようだった。

第一は、人は仕切りのなくなった広い時間の中を、自由にどこへでも行ける、左の方にも右の方にも、つまり、過去へも未来へも自由自在に動けると考えるものである。人だけではなく、たとえばここにある一本の木は、時に過去の種に戻ったり、時に未来の大木になったりもする。時

（5）Simone Weil, *Du temps*, Oeuvres complètes 1, Gallimard, 1988.

の仕切りから解放された時間は、不規則で、そしてとても自由な時間になる、というものである。

第二は、自由な行き来を考えながら、過去という時間と未来という時間のちがいを強調するものである。彼らは、仕切りが無くなって自由になったとしても、過去には行けるが未来には行けない、というのだ。恐らく過去と未来の間の区別は、過去は、今はないとしても、あることはあった、つまりかって存在した時間であり、未来は、未だ存在しない時間であるということから言われているに違いない。過去においてはさまざまな出来事が存在した。仕切りによって現在から隔てられている過去は、仕切りが無くなれば現在と一体化してしまうだろう。しかし、そもそもいまだない時間は、いわば空白の時間である。そこに行くというのは空っぽの時間に行くということで無意味である。このようにこの子どもたちは考えているのではないだろうか。「バック・トゥ・ザ・フューチャーっていう映画ってわかります？　僕はあれにはあまり賛成はしないんですけど、未来っていうのは、今から作り出すものだから、……未来は予想できない。未来は行くことはできない」。私自身、SF映画の未来の世界へのタイムスリップ、というのは不合理である、としばしば思っていたので、この子どもの考えはよくわかる。過去は確かに「存在した」時間であるが、未来はただ人間の心の中で想像される時間に過ぎない。

三番目の考えは、仕切りが無くなって、過去も現在も未来もなくなれば、時間は流れなくなる。つまり、時間は止まってしまうというものである。時間を物の運動・変化とともにあるものと考えるなら、時間が流れなくなるとすべての物は動かなくなって、静止画像のような世界になってしまうだろう。ある子どもは、時間が止まるということを、現在という「点」にとどまり続けることだ、と言っている。現在を点と考える時間論は、すでに見たように、古代以来の伝統的な時間論である。時間が点の連なりとしての直線であるとしたら、時間が流れないということは、ただ点しかないということであり、点とはそもそも存在し得ないのだから、時間が止まるということはすなわち時間が存在しなくなるということである、とつながる。じっさい、多くの子どもたちは、時間が止まることと時間が無くなることは同じことであると考えている。

時間のない世界

時間は過去から現在へ現在から未来へと流れるものであるというのは、私たちの考えに深く根を下ろした感覚である。いろいろと思考実験をした子どもたちは、再びこのなじみある感覚に戻っているように思われる。過去・現在・未来を区切る仕切りを無くした時間、つまり流れない時間、止まった時間というものを考えた時、そこにあるのはもう時間ではない。仕切りが無くなってただのっぺらぼうに広がる細長いがらんとした列車などというものは存在し得ない。仕切りを無くしたら、大きな広い客車になるのではなく、時間という列車そのものが、つまり時間という枠そのものが無くなるのだ。こうして子どもたちは回り道をして、「時間が無くなったらどうなるか」という、当初から気になっていた問いに再び戻ってきたのである。時間のない世界、それは一体どんな世界だろうか。

時計のない世界は想像できるし、ある程度経験してみることもできる。けれど、時間のない世界を想像することはむずかしい。ある生徒がつぶやいていたように、何せ「時間のない世界には行ったことがないから……」。それでも考え得ることを子どもたちはいろいろと考えてみる。「写真のように静止した世界」、というのはもっぱら「時間が止まる」ということから見たイメージだろう。人間も物も一切が動かなくなるというのもそれにあたる。時間は運動と一体であるとしたら、時間が止まるということは運動が止まるということを意味するのだ、と子どもたちは考えている。

しかし時間が止まるということはすなわち時間が無くなることだ、という点に注目する子どもにとっては、単に物の運動が止まる、という答えは不十分に見える。そもそも運動は空間の中で存在するものだとしたら、時間がない世界では、空間もまた、なくなるのではないか。ある子どもは、空間を支えているものは時間だから、時間が無くなれば空間はすべて破壊されてしまう、と考えている。時空間が存在しなくなる。これをある子どもはまた、「無」の世界とも呼ぶ。それでもなお、私たちが存在することをやめないとしたら（多くの子どもは時間が無くなると私たちも死んでしまう、存在しない、と考えているのだが）無の世界にいる、というのはどんな感じだろうか。ある子どもの言葉がその感じを端的に表現している。

「ただの世界の真っただ中に放り出される」

ハイデガーの「被投性」という概念をつい思い出してしまう言葉である。何の必然性も意味もなく、時空間もない、虚無の世界に、自分の意志とは関係なく、気がついたらいつか放り出されている感じ。この感じを、別の子どもは「恐ろしい」とも表現している。時間のない世界を考える、というのは、よく考えてみるとつくづく、恐ろしい、途方に暮れる経験なのだ。もしかしたら、人間が時間を「仕切る」ことをするのはこの恐ろしさと不安から逃れるためなのだろうか。

仕切りのない時間――量子の世界?

しかし、この不安や恐ろしさとは無縁の子どももいる。彼は、仕切りのない時間なら、過去でも未来でも自由にどの時間へでも行ける、と言っていたあの子どもである。そもそもこの子どもは、時間の仕切りを無くしても、時間はなくなりはしないと考えているのだ。そこには、規則正しく時を刻み、一方向に流れる時間ではなく、自由自在に、あるいは不規則に動く別の時間が存在すると彼は考えているのだ。そこでは、木は成長の規則正しい時間には従わずに、一瞬後に種に戻ったと思うと、いきなり巨木になったりする。木というのを、自分になぞらえれば、小学生の自分は、いつでも赤ん坊や幼稚園時代の自分や(もしかしたら生まれる前の自分にも?)、大人の自分にもなれるということだろう。この仕切りのない、自由な時間は、止まっている時間ではなく、むしろ活発に無秩序に動いている時間である。これは従来の時間とはまったく違う。そんなのおかしいじゃないか、という反論はいろいろな子どもから出されている。ある子どもは、過去へも未来へも行ける、と言っている時点で、すでに仕切りを考えていることになり、時間が流れていることになるじゃないかと反論し、ある子どもは、この仕切りのない時間では現在はどこにあることになるのか、と聞いている。またある子どもは、仕切りが無くなったら、あの仕切りの中にいたたくさんの自分が混ざってごちゃごちゃになってしまうじゃないか、と心配している。こうした反論や疑問に対して、この子どもは「自分でもよくわからないけれど、この図の上では考えることができる。それは僕たちがいる世界の時間とは違うんだけれど」と、どこまでもこうした時間の可能性についてゆずらない。

思考実験では可能なはずの、「僕たちがいる世界の時間とは違う時間」。この時間は、例えば現代の量子重力理論の観点から論じられている時間を想起させる。カルロ・ロヴェッリは、極微の粒子である量子の運動は、混沌とした無秩序な予測もつかない動きを示しており、量子のミクロ世界においては、我々が日常経験しているマクロの世界に見られるような順序だった運動や時間は存在しない、とその著書『時間は存在しない』の中で述べている(6)。まさに量子の世界は「僕たちがいる世界」とはまったく異なる世界であり、そこには「僕たちがいる世界の時間」とはまったく異なる、仕切りのない、混とんとしたごちゃごちゃの時間がある。そこにあるのは、一方向に流れる時間ではなく、錯綜しあう無数の「出来事」の間の関係としての、全く異なる時間である。小学六年生が思考実験によってたどり着いた世界は、最先端の物理学者の言う量子の世界とどこかでつながっているようにも見える。

仕切りのない時間を生きる

しかし、「てつがく」で考える時間は、物理学者が考える時間とは異なっている。ロヴェッリは量子の世界における時間の特殊性について、素人向けに（一つしか数式を使わずに！）懇切丁寧な説明をしている一方で、マクロの、私たちが経験する日常世界における時間についても科学的な説明を与えている。言うまでもなく、量子の世界は宇宙空間やあるいは物理学者の実験室にあるだけでなく、私たちの住む世界すべてに存在しているのだが、それを観察することができるのは、特殊な装置と数学的な手法を持つ科学者だけである。私たちが認識できる世界は、マクロの、きわめて大雑把な世界であり、そこでは確かに私たちが「時間」と言っているものが存在しているように思われる。その時間は、たしかに過去から未来へ向かって不可逆的に流れているように見える。なぜそうなのか。彼は、それを、一方では（アウグスティヌスと同じように）人間の脳が持つ記憶の働きから、もう一方では、物理学のエントロピー論から説明する。我々が時間の流れを感じるのは、こういう科学的な理由によるものであり、この感じはごく自然なものであると、

（6）カルロ・ロヴェッリ『時間は存在しない』冨永星訳、NHK出版、二〇一九年。ちなみに、本書の原題はイタリア語では L'ordine del tempo（時間の順序、あるいは秩序）である。

ロヴェッリは述べている。そして物理学者ではなく一人の人間としてのロヴェッリ自身は、この自然な感情に素直に身を任せて、それをあれこれと詮索することはしない。彼が考えるこのマクロな時間とは、きわめてシンプルで、人間は生まれてきて、子どもから大人へと成長し、仕事や恋をして、やがて年を取り、そして、天使がやって来て「カルロ、もう時間だよ」と肩をたたいたら、満足してこの世を去っていく、それだけのものである。これだけシンプルなのは、自分は死を少しも恐れてはいないからだ、と彼は言う。

しかし、子どもたちが時間についてあれこれ考えるのは、死を恐れているからではない。彼らは、日常経験している、この当たり前の日常的な時間（マクロの世界で感じられる時間）の中にこそ、ちょうどアウグスティヌスが抱いたような、なんともいえない驚異の念を抱いており、だからこそ、執拗に時間について考え続けているのである。だから、例の子どもがこだわる「仕切りのない時間」は、おそらくは、量子の世界のことではなく、あくまでも、いわゆるマクロの、この世界のことなのだろう。つまり、彼は、現に僕たちが今生きている世界とは違う世界が、この世界そのものの中で存在しうる、あるいは、少なくとも考えることができる、と言っているのでないだろうか。それはどんな世界であり、どんな時間であるのだろうか。彼に寄せられた他の子どもたちからの疑問にもう一度立ち返り、彼に代わってこの問いを私なりに考えてみたい。

彼に寄せられた疑問は、すでにみたように三つである。仕切りがない時間はそもそも過去から未来へと流れることはないのだから、現在から過去へも未来へも自由に行ける、というのはおかしい、論理的に矛盾している、というもの。二つ目は、仕切りのない時間で、「現在」というのはどこに位置づくのか、というもの。そして三つめは、あの客車の一つ一つの仕切りに順序良く収められていたたくさんの別々の自分は、客車の間の仕切りが無くなってしまったら、どうなってしまうのか。

これらの問いはすべて、「現在」という時間をどうとらえるかに関わっているように思われる。アウグスティヌスが考えあぐねたように、「今」とか「現在」というのは最も厄介な時間である。今、一つの音が鳴り響いているとしても、その音は刻々と過去の音となってゆく音であり、その先にはこれから響き出す音が接している。現在というのは接点であり、面や広がりを持ち得ない。現在がこのようにとらえられない時間だとしたら、現在より前の時間＝過去、とか現在よりも先の時間＝未来という時間も実はとらえようがない。過去と未来は「現在」をはさんで並んでいるのではなくて、過去と未来は接しているのであり、過去はすでにして幾分か未来であり、未来はまだ幾分か過去である。私たちはつねに、このすでに過去でもありまだ未来でもあるあいまいな時間、あるいは、過去と未来の裂け目の時間にしか存在できないのだ。それが「現在」という時間なのであり、この不思議な時間に生きる者が現在の自分なのだ。他の子どもたちからの質問に対しては、「仕切りのない時間」というのは、この不思議な「現在」のことなのだ、と彼に代わって答えてみたい。この不思議な「現在」は、量子の時間のように、物理学の粋を集めて初めてアプローチできる時間ではなく、ごくありふれた、日常の時間、流れているように感じられる時間の、その真 っただ中につねに当たり前のようにして存在していて、誰もが素手で、生に実感することのできる時間である。あまりにも当たり前なので、それに気づくのは、ものを考え始めた、そしてものを考えることが面白くてたまらない小学生くらいのものなのだ。小学生以外には、こうした問いを問い続けることのプロともいうべき哲学者たちが、この「現在」についてさまざまな考察をめぐらせてきている。私たちはそれらの考察から、人生の時間や歴史の時間についての新しい見方と、生きることへの励ましを得ることができる。子どもたちもまた、いつの日か、この不思議な「現在」をもう一度発見するときがやってくるかも知れない。

第二章　地球はなぜあるのだろう？

「世界」と「地球」

この章では、三年生の子どもたちが考えた、「地球はなぜあるのだろう」という問いをめぐる対話について考えてみたい。空間的に把握することのできないとらえどころのない時間に対して、「地球」というのははるかに扱いやすいテーマではある。地平線の先がそのまま測りがたい深淵であった時代から、今では、地球を宇宙空間から俯瞰して、球体の天体としてみることができる時代になった。地球は宇宙船に乗ってみればはっきりと見ることのできる巨大な球体をした物体である。この物体の表面は陸地と海でできていて、自分たちのいる日本という国は、大陸近くの細長い小さな島の集まりにあり、東京はこの島の一つの真ん中あたりにある。そして、地球は唯一の天体ではなく、広大な宇宙には無数の天体が存在し、地球はその中の一つに過ぎない。今のところこれら無数の天体のうち、ほんのわずかのものだけが探索されているが、その限りにおいて、生命体の存在が確認される天体は地球以外に見つかっていない。「地球はなぜあるのか」という時、この問いはこのような知識を前提にしている。こうした知識なしには、この問いは成立しない。

他方で、次章で検討するように、同じく三年生の子どもたちは「世界に存在する物」について考えている。この時は「地球」とは言わずに「世界」と言っている。地球と世界はどのように区別されているのだろうか。

今では小学三年生でも知っている「地球」についての知識が、一般の人々に共有される前の時代を考えてみると、その頃の人々は多分「地球はなぜあるのか」という問いを「世界はなぜあるのか」という問いとして考えていた。たくさんある天体の中の一つの天体としての地球についてではなく、ほかならぬ自分たちが存在しているこの「世界」、この世界はいったいなぜあるのか、と彼らは問うたことだろう。世界は自分たちを中心にして始まり、自分たちの知識の及ぶところで終わり、その先は存在するにしても「世界」ならざる「異界」であっただろう。世界の探索が進むにつれて、世界の範囲は次第に大きくなり、自分たちとは似つかぬ存在もまた自分たちと同じ「人間」であるということに人々は次第に気づいていく。今からたった一〇〇年と少し前に日本を訪れたイギリス人の女性旅行家は、当時の山深い東北の村々で、全く異なる生き物のように見える人々の暮らしに驚き、一方、村人の方も、この珍しい生き物を一目見ようと彼女の泊まっている宿の部屋に殺到している。(7) このような経験を通して、お互いに似ても似つかないけれど、やっぱり人間同士であるということを確認していく。それはすなわち、「世界」は自分たちが見知っていたものよりもずっと大きい、ということを知っていく過程でもあった。彼女が泥濘と蚤や虱でいっぱいだった当時の日本の草深い土地を難行苦行しつつ進んで行く姿のうちに、私は、自分の「世界」の境界をどこまでも拡大しようとする、良くも悪くも人間に特有の精神を重ねて見ずにいられない。「地球」の発見が天空への飛躍によってなされたとしたら、「世界」の発見は彼女のような地を這う手探りの旅によってなされたのだ。

そして今、世界と地球は、一つの事象を現すものとなった。地球とは確かに一つの天体である。しかし同時にそれは、私たち人間と他の生き物たちが住まう「世界」である。子どもたちは、「地球はなぜあるのか」を問いながら、時に「世界」のことを考え、「世界」といいながら、時に天体としての「地球」のことを考えているように見える。そして、この二つが重なり合っていることに、限りない驚異を抱いているように見えるのだ。

地球は生き物のためにある

「地球はなぜあるのか」と問われてすぐ出てきた答えは、「人間とか生き物のために」、あるい

(7) イザベラ・バード『日本奥地紀行』高梨健吉訳、平凡社、二〇〇〇年。

は「みんなのために」、「ある」、あるいは「作られた」というものであった。この答えは、地球とは、人間をはじめとするさまざまな生き物が生き、そこに住んでいる、私たちの住家＝世界であるという、否定しようのない絶対的な事実から最も素直に引き出されたものであろう。この絶対的な事実から考えるならば、地球の存在理由は、「生き物」あるいは、私たちすべてがそこに生きる「ため」である、と考えることは少しも不思議ではない。地球が無かったら、私たちも他の生き物も、そもそも存在することはなかったのだから。世界と、世界の中でこの問いを考えているこの自分の存在そのものこそが、地球がなぜ存在しているかの理由である。この絶対的事実を補完するものとして、子どもたちは、二つの事実をあげている。一つは科学的事実である。「他の惑星には空気がないけど、地球にはあるから、（地球は）生き物のために作られた」。生命の存在のためには空気が必要であり、地球にはそれがある。すなわち地球は生物が住むことができるように作られており、それは地球が生物のために作られていることを示している、というのである。『宇宙創成』という本（本書三三頁、註2参照）には、これと少し似たような考え方をした科学者のことが出ているので、引用しておこう。

「ホイルは、この宇宙に彼が存在しているという事実を前提に置いた。また彼は、自分は炭素を基礎とする有機生命体だという点に注目した。したがって、炭素は宇宙に存在しなければならず、それゆえ炭素を生成する方法が存在しなければならない」（サイモン・シン　前掲書）

もうひとつ。

「宇宙の構造を詳しくしらべていけばいくほど、ある意味で、宇宙は我々の登場をあらかじめ知っていたに違いないという証拠が見つかるのである」（同書）

もう一つの事実は、いわば、哲学的な事実である。

「ものはためになるためにある。地球もためになるために作られた」。すべてのものは、それぞれに「なにかのために」という目的を持っているはずだ。地球もやっぱり何かの目的を持っているはずだ。そしてその目的は、私たちの世界のためにという目的以外に考えようがない、だって、現に私たちの世界はこの地球に存在しているのだから。こんなふうにこの子どもは考えているようである。およそ存在する物は皆、それぞれの「目的」を持っているという考え方は、それほど突拍子もないものではない。古くはアリストテレスが、自然界のあらゆる物を、目的を内在するものとしてとらえた。しかしアリストテレスは、物にその存在と目的を与えたのは、いったい何者か、という問いは立てなかった。つまり、世界の創造ということは彼の目的論の中には含まれなかった。他方、子どもたちは目的を考えると、どうしても、その目的を与えたもの、あるいはその目的のためにそれを作ったもののことを考えずにいられないようであった。「地球はなぜあるのか」という問いに対して、「地球は生き物のために作られた」という答えが出された時、子どもたちの中には、「作られた」というなら、必ず「作ったもの」がいるはずだ、という考えが浮かんだようであった。後に見るように、この問題は、「神さま」をめぐる問いを引き起こすことになる。その前に、地球は生き物のために作られた、という考えに真っ向から反対する考えを見ておこう。

地球は単に隕石がくっついてできた

「地球は生き物のために作られた」という意見が出ると、即座に、「生き物のためなら最初に生き物がいたはずだ。（だから）地球は生き物のためにではない」という反論が出される。もしも、地球が何らかの目的をもって作られたのなら、最初からその目的となるものは存在していたはずではないか。これに対しては、いくつかの反論が出されている。

「地球が最初にできて、生き物が生まれた」

「地球ができたら、まず水ができて、植物ができて、育った」

つまり、地球の目的は地球ができると同時に一気に実現したのではなく、順番に時間をかけて少しずつ実現してきて、今日の世界になったのだ、ということである。旧約聖書の創世記では、神は六日間で天と地と海と他の生き物を作ってから、七日目にやっと人間を作ったことになっているが、実際には、その期間は何億年という時間がかかったのだ、というわけである。この反論は手ごわい。

しかしたとえそうであっても、目的論に反対する子どもたちは、そもそも地球が何者かによって、何かの目的をもって作られたなどということは、どうしても納得できない。地球という天体は、「隕石がくっついてできた」のであり、もう少し詳しく言うと「地球は太陽のできた残りかす」である。そして「理科的にはそれで正しい」と念を押している。この意見は確かに「理科的」であり、つまり、地球という天体のでき方を説明するものとしては、クラスの子どもは誰もそれ自体に反対することはしていないのではないだろうか。たぶん子どもたちは以前に、先生から太陽系の生成過程について話を聞いているのだろう（ちなみにこの「てつがく」の時間は、このクラス担任の理科教師が行っている。その理科の授業は、自然界の不思議について、具体的で魅力に満ちたイメージを喚起する独創的な授業で、小学校の時こういう理科の授業を受けていたら、私も理科系人間になっていたかも、と思わせられるものである）。しかし、理科的に正しい説明に反論はできなくても、それでも、どこかそれだけでは納得できないものが多くの子どもたちの中には残っているようである。それを、何人かの子どもたちは「奇跡」という言葉によって語っている。

「考える者」がいなかった時間に起きた「奇跡的な」出来事

ある子どもが、「奇跡的に地球はできた」と発言し、すぐにそれに続いて別の子どもが「賛成、地球ができたのは生き物のためではない」と反応している。以下、対話で出てきた「奇跡的」という言葉を拾ってみると。

「地球が生まれる前は生き物がいなくて、考える者がいなかったんだから、地球は奇跡的にできたんだと思う」

「生き物がいなかったし、地球がどうなるかわからなかったので、奇跡的だと思う」

「奇跡的だ。考える者もいないし、予言する者もいない」

これらはいずれも、「生き物のために地球は創られた」という目的論的な考えに対する反論として出されている。地球には、生き物はいなかったし、生き物が生まれるという風に予言（予定）されていたわけでもない。そういう目的をもって作られたわけではなく、だから、地球がその後どうなるのかは全く分からなかったのだ。こうしてみると、子どもたちは「奇跡」というのを「偶然」という意味で言っているようにも見え、その限りでは、奇跡論は、「理科的に正しい」とされる太陽のカス論と通じる。このことを、目的論に反対していた子どもは次のように言っている。「太陽のカスからできたけど、人間の生まれるもとが入っていないから、命が生まれるのが不思議」。つまり、地球は太陽のカスから偶然にできたものであって、そこには何らそれを越える目的などない。にもかかわらず、命が生まれ、そして人間が生まれた、それは何としても不思議だ。我々の世界が存在するという絶対的事実と、地球という天体は我々の世界とは何ら関係のない、物理的な因果関係からできたという、やはり絶対的な「理科的な」事実との間の、越えがたい深淵に落ち込んでしまった子どもたちの、当惑と驚異の思いを、子どもたちは「奇跡的」と表現しているのだ。

同時にこの「奇跡」は、単なる「生き物」ではなく、「考える者」の存在との関係で強調されている。誰かが目的をもって作ったわけではないのに、生き物、命あるものが生まれてきた、というそのことだけでも十分「奇跡的」なのだが、さらに、「考える者がいなかったんだから、地球は奇跡的に生まれたんだと思う」。ここで「考える者」と言っているのは、明らかに今自分たちがしているような「考える」ということをする者である「人間」を指していると思われる。今自分たちがしているのは、地球について考えることである。しかし、その考える者がいなかったとき、考えられる対象である地球があった、というのは、不思議である。考える者と、考えられる物との間に、子どもたちは分かちがたい関係があると感じているのだろう。だからこそ、一方がなかった時にもう一方があった、というのは「奇跡」と感じられるのだ。子どもたちは、存在論と認識論の関係として、つまり、物が存在することと物があることを認識する事との関係として、てつがくの最も重要な根本的なテーマとされてきたことを、「奇跡」という言葉を使って考えているのである。

ここで子どもが「奇跡」と言っている事態は、現代の哲学者メイヤスーが『有限性の後で』という書物の中で「祖先以前性」の問題と名づけている問題と同じである。[8] 現代の科学者たちは、さまざまな物証（古生物の化石から、同位性原子核の一定の崩壊速度と熱ルミネセンスに依拠した放射性年代測定法にいたるまで—これをメイヤスーは原化石と呼ぶ）によって、人間の出現以前の時間

（これをメイヤスーは祖先以前的時間と呼ぶ）に生じたさまざまな出来事（宇宙の始まり、地球の形成、生命の誕生など）の年代を測定できるようになっている。おそらく科学者にとっては、この測定がいかに正確であるかということだけが問題であるだろう。しかしメイヤスーは、そこに、哲学の次元を挿入してみる。そしてそのとき問題になっているのが、まさに「考える者」である人間と世界との関係である。ここで少しだけメイヤスーの議論に寄り道してみよう。

彼によれば、カント以後今日まで主流となっている「相関主義」の哲学においては、思考と存在、あるいは、考える人間と世界との関係（すなわち「世界への人間的関係」）だけが、思考可能なものであり、さらに相関主義を極端にすれば、それだけが存在するものである。思考と存在（人間と世界）という二項のうち、一方を欠いたものはこの哲学では思考不能であるから、思考＝人間の出現以前の時間と世界というのは、そもそも考えることができないものである。しかし、科学者たちは平然と、地球は思考する人間が出現するよりも何十億年前に形成されたという言明をする。それを彼は「祖先以前的言明」という。この言明に対して哲学は、相関主義以前の「素朴実在論」、つまり、客観的世界は思考とは関係なく存在していたし今も存在するという考えに戻ることでそれを受け入れるか、あるいは、あくまでも相関主義の立場を維持しつつ、さまざまな「詭弁」を弄したり、あるいは、考える人間の外に「超越論的主観」といったものを導入して、この科学的言明を哲学的に正当化してみようとしている。これらの試みは、彼によれば、いずれも科学的言明に対して有効な対応とはなっていない。そこで彼は「素朴実在論からも相関主義の巧妙さからも等しく距離を」取りつつ、「いかなる条件において、近現代の科学における祖先以前的言明を正当化できるか」という問いを真正面から立てるのである。彼はこの問いから出発して、「事実性 factualité」（事実は単に事実であることによって理由なしに絶対化される）と、数学の無限集合論から導かれた「絶対的偶然性」（一切の必然性や法則性を欠いたカオス）という二つの考え方を新たに導き出している。しかしそのことによって、当初の祖先以前性の問題が解決されているわけではない。彼が自ら言うところによれば、そもそもこの問題の解決は本書の目的ではない。本書は、科学者の「祖先以前的言明」が突きつける問題を入り口として、思考というものの可能性を今一度根本的にとらえ直そうという試みなのである。

子どもたちは、メイヤスーが哲学の刷新の入り口に据えた問題に、まともに素直にぶつかり、そしてとまどいながらも何とか考えようとしているのである。子どもたちは理科の時間に、メイヤスーの言うこの「祖先以前的言明」を科学的知識として先生から教わって、それが「理科的には正しい」説だと思っている。しかし、地球について「考える者」と、その考えられている地球、という二つの項を、互いに切り離し難いと感じている子どもは、この科学的な「説」を「正しい」と思いつつも、そこにある種の違和感を持たずにいられないのである。子どもたちは、手に負えないこの難問を、「奇跡的」という言葉で表現しているのだ。それは、時間論であの子ども

（8） カンタン・メイヤスー『有限性の後で』千葉雅也ほか訳、人文書院、二〇一六年。

が、「確かに考えることはできるけど、僕たちが住んでいるこの世界とは別の世界の時間」、と呼んだものに似ているようにも思われる。

この「奇跡」は、その存在を考えることはできるけれど、わかることはできない「神さま」という存在とも関係しているのでは、と考えている子どもたちもいる。奇跡という言葉と関連しながら、「神さま」という言葉が数回にわたって出てくる。ある子どもは、もしかしたら地球は神さまが作ったのかもしれない、と考えつつ、でもそうとは限らないとも思っている（「地球は神さまが作ったとは限らない」）。また作ったかどうかは分からないけれど、地球ができて、まだ「考える者」がいなかった時から、神さまはいたはずだ、と考えている（「考える者がいなくても、神さまはいたはず」「神さまは最初からいた」）子どももいる。しかし、神さまを見た者はいないので、「神さまがいたとしても、どこにいるかわからない。いまもいないかもしれない」と言う子どももいる。地球を作ったかどうかは分からないが、考える者である人間がいなかった最初の時からいた神さまというのは、どういう存在であろうか。それは、人間に代わってこの地球の形成を目撃した神さまのことを言っているのだろうか。だとしたら、地球を作った神さまと地球の形成を目撃した神さまとは、どのように違うのだろうか。

こうして、地球をめぐる三年生の対話は、哲学と科学と神学がみつどもえとなった混沌とした問いの中に私たちを置き去りにしたまま、いつものように時間切れを迎えたのであった。

第三章　「物がある」とはどういうことか

「地球はなぜあるのか」という問いが、いつの間にか、「地球はなぜできたのか」という地球の形成の問題になり、そこから、祖先以前的な時間の問題に発展したことを前章で見てきた。この対話は、実は、「ある」ということの意味を考える一連の対話の中の一時間の対話の内容であった。授業者は、「存在論」という哲学中の哲学、アリストテレスが「第一の哲学」と呼んだ哲学を、「てつがく」の時間に引き入れようとしたのだ。小学生にも存在論的問いを問うことは可能だ、と考えてのことだったが、私に言わせれば、小学生こそ存在論的問いの年令である。前回の地球についての問いから、今回は、一転して目の前に置かれた小さな一つの石の存在が問われる。前回の授業で子どもたちはすでに、地球について「考える者」が地球の存在と不可避的に結びついていることに気づいていたのだが、今回の石の存在論では、最初から、「石があることが分かる人」がいることと、「石があること」との関係が問題になっている。哲学史上でも、存在論と認識論は常に表裏一体のテーマであり、その両者の関係をめぐってさまざまな学派が論争を重ねてきた。子どもたちの「石の存在論」はいったいどのように展開していくのだろうか。

「ある」のさまざまな位相──「ある」と「いる」

「ある」という言葉はじつにさまざまな場面に登場する。「机の上に本がある」から「時間がある」、「やる気がある」などにいたるまで、見えるもの、見えないもの、さまざまなものが「ある」。さまざまな「ある」の中で、子どもたちは一回目の対話の最初の方で、「ある」と「いる」のちがいについて引っかかっている。「ある」と言うことができるものは、例えば消しゴム、例えば石のようなもの。つまり、「生きていないから、けられたりしない限り動かない」もの。別の子どもは「物体」と言い換え、やはり「自分から動こうとはしない」ものと言っている。それに対して、生きているものは「ある」と言わないで「いる」と言う。しかし、生きていても植物のように動かないものはやっぱり「ある」と言う。だとすると、生きているかどうかよりもやはり自分から動くかどうかということが「ある」と「いる」のちがいを決めるのだろうか。この問題は、二回目の対話でも、「生きている魚はあるとは言わないけど、化石の魚はあるって言ってた。生きているものはあるんじゃなくて存在。死んだものとか、もう動いていないものをあるっていうんだと思う」という発言がある。振り返りの中でも、「ある」と「いる」のちがいをもっと考えてみたい、と言う子どもが何人かいた。

「ある」と「いる」、ちょっとした言葉遣いのちがいのようだが、子どもたちは、このちがいの中に何かを感じ取り、そこにこだわっているのである。じっさい、「ある」と「いる」の間には、何か本質的なちがいがあるように思われる。最初は、生きている＝自分から動くもの＝いる／生きていない＝自分から動かないもの＝ある、という二つの項が考えられた。この二つはたしかに、さまざまな存在するもののなかの、本質的なちがいを指している。

石は地面に置かれればいつまでも「自分からは」動かずにじっとそこに、何等の変化もなしにそこにあり続ける。石も水に流されて動くことがあり、また、何かがぶつかって割れたり、すり減ったり、苔がついたりして変化することもある。しかし、その動きや変化は石自身の中から生じたものではない。石はただ、そこにあって外からの力にさらされているだけである。他方の生きているものは、自分から動く（この「自分から」という要素は、後に見る、別の学年の「自由」をめぐる対話の中で中心的問題となる）動物は、漢字が示しているように自ら動くものである。どんな小さな蟻もどんなに大きな象も、小さなものは小さななりに、大きなものは大きななりに、世界の中で、自分に固有の自分自身の世界を動き回っている。動くということは、何かをしようと思って動いているに違いない。その「何か」とは、おそらく、「生きる」ということであるだろう。生きようと思ってせっせと「自分から」動いているものと比べてみると、じっとただ置かれた場所に動かずにいる、外からの力にただ「動かされる」だけの石は、存在の仕方において根本的なちがいがあると子どもたちには思われるに違いない。だから、石のことは「ある」と言い、動物のことは小さな虫けらでも「いる」と言うのだ。

植物に関しては、微妙である。自分から動くかどうかという基準で言うなら、植物もやっぱり「ある」と言うのであって、「いる」とは言わない。しかし、植物と石は「生きているかどうか」で区別するなら、はっきりと違う。植物は確かに自分から動き回ることはできないが、生きている。植物が種から芽を出し、双葉が出て茎をのばし葉を茂らせ、やがてつぼみができて花が咲き、花が散った後には実がつく。こういう変化を、つぶさに観察して知っている子どもたちは、動かないからと言って植物を石と一緒にすることはできない。植物のこうした変化は、誰かが外からけったり、引っ張ったりして生じたものではなく、植物自身の中から生じたものである。それは、動物が生きるために動き回るのと同じく、生きるための運動であるだろう。植物の成長変化というのは、場所の移動とは違うけれど、やはり、自分から動くということに含まれる、と考えることもできよう。じっさい、私たちは、あそこに三本の木がある、と言うが、同時に、あそこに三本の木が立って「いる」とも言う。「私の庭にはバラがある」と言うが、同時に、バラが咲いて「いる」とも言う。そこには、客観的に外から見れば、動かない植物はそこに「ある」のだが、「生きているもの」としての植物の側に立ってみれば、植物も生きようとしてそこに「いる」のである。植物のこうした位置を考える時、思い出されるエピソードがある。ガレス・マシュウズという哲学者が子どもたちと交わした哲学対話の一節である。(9) 太陽に向かって花びらをいっぱいに広げて咲き誇っている花々は、いかにも幸せそうに見える。まさに、花は石のようにしてそこに「ある」のではなく、そこでせいいっぱい咲いて「いる」のだ。花たちは、私たちが感じるように幸せを感じているように見える。そう思う子どももいるが、いや、花はそんなことは感じていない、花びらが開くのはバネが動くようなもの（物理的化学的現象）であって、幸せとは関係ない、という子どももいる。ここには「幸せ」という別の概念が絡んでいるのだが、存在の様態としての植物の特性についてのエピソードとしても読むことができよう。

この「ある」と「いる」の違いについて、もう一つ思い出される例を挙げるなら、ハイデガーが、世界との関係において「ある」あり方について、石と動物と人間を区別しているくだりである。[10] 彼に言わせると、石は世界との間に何の関係も持たない、動物は世界と乏しいながら関係を持つ、人間だけが世界と形成的な関係を持つ（つまり人間は世界を何らかの形で「作る」ということで世界に存在する）。子どもたちが、石と動物の中間形態として見出した植物という項はハイデガーでは、動物の例として出された蜜蜂が、蜜を求めていく花としてだけ出てくる。蜜蜂が乏しい世界との関係しか持たない、というのは、蜜蜂にとって花という世界が単に蜜という点でしか存在していない（だから、蜜蜂は、花のおしべとめしべの数や、花の根などについては何も知らな

(9) ガレス・B・マシューズ『子どもは小さな哲学者』鈴木晶訳、思索社、一九八三年。
(10) マルティン・ハイデッガー『形而上学の根本諸概念』川原栄峰ほか訳『ハイデッガー全集二九／三〇』創文社、一九九八年。

い）という意味で言われている。蜜を吸われる当の花にとっての世界は、ハイデガーには関心がなかったようである。これはハイデガーにとって問題だったのは、あくまでも、現存在としての人間の特別なあり方を示すことだったからであり、動物と人間との間の違いを強調することにこそ意味があったからである。

人間を特別な存在としてみるこうしたとらえ方は、上で見た、地球の始まりをめぐる対話では、「考える者」として提起されていたのだが、ここでの、「ある」と「いる」の存在論は少し違うように見える。たとえば、すでにみたように生きた魚は「いる」だけれど、死んだ魚や、魚の化石は「ある」である、と子どもたちは言う。おそらくそれは人間に関しても同じだろう。生きている人間は「いる」けれど、死んだ人の遺体は「ある」（安置される）と言う。しかし、子どもたちの思考はそこで止まらない。生きている人間でも、人間の頭や、心臓や、手足などは「ある」と言うんじゃないか、と言う子どもがいる。ここに「いる」人間は、その人の頭や手足や心臓やその他もろもろ―これを「身体」と呼んでいいのだろうか―そのものではない。それらのものがすべてそろっていて、そして生きていても、単にそれでは、人間が「いる」とは言わない。それでは、このとき、手足や心臓とは別に「いる」人間とは何だろうか。この時子どもたちは、たぶん、人間と他の動物を区別して考えてはいない。ネコは「いる」けれど、ネコの手足や鼻や目は「ある」。それでは、そこに「いる」ネコとは一体何だろうか。「ある」と「いる」を結びつけているものは何だろう。

子どもたちが、アリストテレスの『プシュケー(魂)について』という書物を知っていたら、[11]この問題についての一つの答えをそこに見出したかもしれない。魂とか霊魂とか訳されるプシュケーというギリシャ語は、もともと「息」という意味である。だから、この本は、息をしているもの、すなわち生きているものについての本である。アリストテレスによれば、次のような働きのどれか一つが備わっていれば、それは「生きている」と言われる。それらとは「すなわち、理性、感覚、場所的な運動と静止、さらに栄養に関わる運動、すなわち、衰退と成長である」。これらのいずれも持たないものは、息をしていない＝生きていないものであって、子どもたちが言うところの「石」のようなものである。子どもたちが「ある」ものと「いる」ものの違いと言っていることは、アリストテレスによれば、プシュケーを持たないものと持つものの違いである。そしてプシュケーというのは、身体の一つの部分ではなく、目に見えない、しかしそれなくしては生きているものではありえないような、一つの働きである。目に見ることはできない、空間に場所を占めることのない、しかし確かに存在しているもの、それは、六年生がえんえんと考え続けたあの「時間」というものに似ているようであり、後で見る別のクラスでとりあげられた「こころ」にも似ているようである。実際に、プシュケーというギリシャ語は、時として「こころ」と訳されたりもするのだ。

(11) アリストテレス『霊魂論』山本光雄訳『アリストテレス全集六』岩波書店、一九六八年。

石はあるか

「ある」と「いる」の違いはかくもややこしいのだが、それなら、「ある」の代表的なものといえる「石」については、かんたんに「ある」と言えるのだろうか。このクラスは、石があると言えるかどうかについて、数時間にわたって対話を続けている。ことはそれほど簡単ではなさそうだ。

例えば、今この教室に一つの石が置かれているとする。実際、ある時間では、教師は石を持ってきて机の上に置いている。さて、石はあると言えるか。ほとんどの子どもが「あるって言える」と言うのだが、「言えないかもしれない」という子どももいる。どういう時に「言えない」のか。数時間の行ったり来たりの対話から見えてくるのは、きわめて興味深い「ある」をめぐる議論である。

「あるって言える」のは、みんなそれを見ているからである。しかし、もしここに目の見えない人がいたら、その人は「石がある」とは言えないだろう。つまり、「石がある」ということができるのは、石を見て「石があることが分かる」からこそ言えるのである。では「石があることが分かる」のは、ただ見ることによってだけだろうか。すぐさま子どもたちは、「目に見えなくても手で触ればわかる」と考える。小学生の問い方はしつこいから、「目も見えず、手も無かったらどうなのか」という子どもが出てくる。それなら「足で触る」と別の子どもが答える。とにかく視覚以外の何らかの感覚、この場合は触覚を何とか働かせれば、その人にも「石があることが分かる」はずであり、だから「石がある」とその人も同意するだろう。手が無くて、「機械の手（義肢）」をつけていたとしたらどうだろう、と考える子どももいる。機械の手の伝える感覚と、ふつうの手の感覚と同じなのだろうか、違うのだろうか。このことは、後にロボットについて考えるクラスでまた出てくるだろう。ともあれ、子どもたちは、世の中には、さまざまな感覚的な特性を持つ人々が存在していること、今この場にはいないそうした人々とどのようにして「石がある」ということを共有することができるのか考えているのである。

しかし、この問題は本当に感覚器官の障害を持つ人にだけかかわる問題なのだろうか、と子どもたちの思考は進む。そもそも、この机の上の石が本当に石であると見ただけで判断できるのか。もしかしたらそれは、「映像で映しただけ」かもしれないし、「紙かもしれない」し、「スポンジかもしれない」。子どもたちは疑い深いのである。だから、「目の見える人も、触って本当にあってわかるかもしれない」。「本当にあるってわかる」ためには、視覚だけでは不十分なのだ。

以上のところまでは、直接見たり触ったりすることができる場所に石がある場合の話である。でも、「てつがく」の時間が終わって先生がこの石を持って行ってしまったら、それでも「石はある」と言えるだろうか。「言えないかもしれない」。だって、もう石を見ることも触ることもできなくなるのだから。逆に、今、石はここにそのままあるとして、今体育館にいる別のクラス（一組）の子どもたちは、「石がある」と言えるだろうか。彼らはやっぱり、石を見ることも触ることもしていないのだから、石があるとは分からない。だから彼らは「石がある」とは言えないだろう、そう考える子どもたちもいる。このように考えると、実は、「石があることが分かる」というのは、単純なことではない。これに対してある子どもは、見ることも触ることもできない人には「石があると教えてあげればいいい」。と言う。

「他人の証言」によって「ある」とわかるもの—自分の心臓・火星

このことは逆に言えば、自分で直接見たり触れたりしていないものも「ある」といえる、ということである。子どもたちは見えないものでも「ある」と言えるものをいろいろあげていく。まずは、見えないものとして、空気や静電気などがあげられる。わたしとしては、「それから時間も」とつけ加えたいところだ。でも空気は、動くと風のような感じで分かるし、ビリッとくる静電気もそうだ、と言う子どももいる。いずれも見えなくても触覚で分かるということなのだろう。

自分の心臓、と言う子どももいる。たしかに、自分は「いる」のだけれど、心臓は「ある」のだった。しかし、自分の心臓が「ある」と分かるのは、どうやってだろうか。今生きて動いている自分の心臓そのものを自分で見たり、手で触ったりすることはできない。それでも、心臓は「あるってわかっている」ものだから、「一番わかっている人はレントゲンとかでちゃんと見てあるって言える」、と言う子どもがいる。心臓が「あるってわかっている」人、「一番わかっている人」とは、たぶん人間の体に詳しい医者のような人を指しているのだろう。そういう人は、いろいろと勉強をし、解剖をしたりして、人間の体に心臓があるということを分かっている。その人が、レントゲンの写真を見せて、これがあなたの心臓です、と言えば、言われた方も「あるってわかる」ということだ。確かに、自分自身の心臓や胃袋など内臓の存在を、私たちは、自分の感覚を通して「これ」と分かることはできない。なんとなく胸のあたりがどきどきしたり、お腹のあたりが変な感じがするだけである。どきどきしたりしている自分が「いる」ということは、誰に言われなくてもわかるのだが、自分の心臓が「ある」ということは、自分ではわからない。「他人の証言」(とそれを補強するレントゲン写真)によって初めてわかるのである。

自分で見たことが無いものでも「ある」と言えるものでほかに出てきているのは、「火星」である。私たちは、夜空に小さな宝石の粒をばらまいたような星空を「見る」ことはできるけれど、「火星」という惑星を見たこともなければ触ったこともない。これも「一番わかっている人」―この場合は宇宙科学者―の説を通して、初めて私たちは「火星がある」ということが分かるのである。火星は、自分の体の中にある心臓とは対極的に、自分とははるか隔てた空間の中にある。まだ実際に火星まで行った人はいないし、だから宇宙科学者と言えども、直接火星を自分の眼で見たり手で触って分かっているわけではない。だから、実際に「ある」火星と、科学者たちが「ある」という火星との間には、心臓の場合以上にたくさんの媒介があり、まだわかっていない部分もたくさんある。火星探査機が送ってくるたくさんの映像やデータと、そのデータを数学的に処理するたくさんの計算によって、ともかくも火星という惑星が「ある」ということが分かっている。科学者がそのわかっていることを話してくれるので、私たちは火星がある、と分かる。それを子どもたちは、「他人の証言」で分かる、あるいは、「言い伝え」で言われているものと言っている。

ちょうど、この教室の中の石を見ている自分たちが、同じ教室に視覚や触覚に障害を持つ子どもがいれば、言葉で「石があるよ」と「証言」してやるように、あるいは、教室から離れた遠い体育館にいて、石を見ることも触ることもできない一組の子たちに、「石があるよ」と言葉で教えてあげるように、医者や宇宙科学者たちは、私たちがその存在を確認できない心臓や火星についての「証言」をし、それで私たちは心臓や火星が「ある」と分かるのである。このような「他人の証言」を通しての「ある」は、子どもたちが生きている現代世界においては、直接に見たり触れたりして分かる「ある」よりもはるかに多く、その範囲は今後もますます広がっていくだろう。前章で子どもたちがその生成について頭を悩ませた地球にしてからが、その一つと言えるだろう。地球という天体があるということ、私たちが立っているこの地面がその地球の表面の一部であるということ、こうした科学者たちの「証言」を多くの人々が受け入れるまでにはずいぶん長い時間がかかった。人々がこの証言を信用し受け入れることによって、地球が「ある」ということは自明の事柄になったのだ。

それは本当に「この」石か？

しかし、そうやって他の人から教えてもらった「石はある」は、ほんとうの「ある」なんだろうか。ある子どもたちはそう疑っている。この時彼らは決して、他人の証言そのものを疑っているわけではない。そういう問題とは別に、そもそも、自分たちが見ている「この石」の「この」が問題なのである。僕たちが、今机の上に石を見て、それを体育館にいる一組の子たちに「石があるよ」と教えた時、確かに、一組の子たちは、「そうなんだ、石があるんだ」と分かるかもしれないけれど、そのときその子たちが思い浮かべているのは、自分たちが見ている「この」石ではない。だって、「まったく一緒の石」、「この石とまったく同じ色、大きさ、形の」石というものは存在しないのだから、とある子どもは言う。「他の石を一組の子が思い浮かべていたら……」、それは本当に「この」石があることが分かっていることにはならない、と言うのである。たしかに、世界に同じ石は一つとしてないのだから、「この」石を今、直接見たり触れたりしていない人にとって、「この」石は存在しない。「石がある」と言われて「わかる」というのは、それぞれの中にある別の「石」を思い浮かべてわかっているだけである。

石は世界中に無数にあるけれど、一つとして寸分たがわず同じ石はない。あるように見えても、それは寸分たがわず「似ている」石であって、「同じ」石ではない。個物というのはそういう意味である。この石と別の石は、いかに似ていてもこの石と「全く一緒」、つまり同一ではない。（機械で大量生産される製品はどうか、という問題がここに思い浮かべられる。自然が偶然に作った石とはちがって、機械で作られた製品は限りなく同じである。後にロボットについての対話で問題になる、自然界のものと人工物との違いがここにはひそんでいる。それでも見方を変えれば、ここにあるこの鉛筆と、別の人が持っている鉛筆は、持ち主から見れば同じとは言えないかもしれない。同じ大きさ、同じ形同じ色であっても。違うということ、同じということはどういうことか、これ自体もう一つのテーマであるが、ここではそこまで深入りはされていない。）確かにそれは「他の石」である。だから、石があると聞いた一組の子どもたちが思い浮かべるのは、「この石」とは別の、自分の記憶の中にある他の石でしかないと子どもたちは考えているのである。同じ石は存在しないにもかかわらず、そして、その同じ石を見ていないにもかかわらず、私たちが石と言われてすぐわかるのはなぜだろうか。それは、石という言葉と、その言葉で表現されている「もの」とを知っているからである。石という言葉で表現されている「もの」とは、石に他ならないが、その石はどんな石か、と問われれば、なんとも答えることはできない。個々の石ではない、「単に石というもの」は存在しないのだから。その石はただ、「石」という言葉を聞いたときに私たちが思い浮かべるものとしてだけ存在している。思い浮かべられるものは、それまでに石という言葉とともに示されてきたさまざまな実際の石や写真や絵の石から構成された「石というもの」である。このことを、子どもたちは、実際に見たり触れたりできなくても、記憶や言葉で、「石がある」と分かる、と表現している。一組の子が、石があると言われた時、彼は、石という言葉を聞き、今までその言葉と結びつけられて記憶されている様々な石を思い浮かべて、石があると分かるのである。しかし、そのときの「石」はあくまでも、「この石」ではない、とこの子どもたちは考えているのである。

子どもたちがここでぶつかっている問題は、哲学史の中では、haecceitas ― haec はラテン語で「この」という意味で、従ってこの言葉は「このもの性」と訳されている―の問題としてずっと論じられてきた。「このもの性」の最たるものとして、「自分」という存在を考えることもできるかもしれない。「自分」という存在は、「人間」とか、あるいは、個人とか、個性とかいう言葉によってさえも表現できない。ただ「この自分」としか言えない存在である。自分の「このもの性」にこだわっていけば、教室の中で一緒にこの石を見ている子どもたちの間でさえ、共通の「この石」は存在しなくなるだろう。「この自分」が見ている「この石」が、隣の子が見ている「この石」と同じであるかどうかは分からない。その子が見ている「この石」は、その子にいわば乗り移ってでも見なければわからないのだが、そういうことは不可能である。

こうして、「石がある」ということも、「石があると分かる」ということも、それほど単純なことではないと子どもたちは考えるようになっていく。この実感を、ある子どもはふりかえりの中でこう書いている。「ぼくは「ある」という言葉になんのかちもないかなあと思っていたけれど、こんなにいみやかちがあることに気づき、ぼくは馬鹿だなと思いました。これからもたくさんの言葉のいみを……（以下読みとれず）」。そう、難しさはまさに、「ある」という言葉から発しているのだ。このことを別の子どもは、何回目かの対話の中で、言葉と「ある」の関係について、次のように述べている。「ある」には、本当にある場合と、本当にはないけれど言葉に出すことで

「ある」場合の二つがある。後者の場合の「ある」は人間が作り出したもの。そしてそもそも言葉自体が人間が作ったものだ、と。確かに、「ある」という言葉がなければそもそもこんなことは考えない。「ある」という言葉など持たない動物は、危険や獲物があることを信号で仲間に知らせる。ただそれだけである。「ある」ということの最大のテーマは、だから「言葉がある」ということになるだろう。どんなテーマを話し合う時にも、子どもたちは言葉が「ある」ということが持つ意味や価値について考えているのである。

世界には必ず何かがある

今まで見てきた議論では、「石がある」ということと、「石があることが分かる」ということが、互いに緊密に結びついていると考えられていた。この二つの関係の中でこそ、「この石」の「このもの性」も問題になったのだった。他方で、私たちに石があることが分かろうと分かるまいと、石はある、という子どもも当然いた。

この場合、似ているけれど微妙に異なる二つの考えが出されている。ひとつは、「物は宇宙の中にはあるんだから、そのものは誰にとっても同じようにある」というものである。この場合は、「宇宙の中」ということが強調されている。これは、考える者がいなかったときにも、地球は存在した、という「祖先以前的言明」を、いわば時間軸から空間軸に移した考え方であると言える。石は今現在、私たちがいる宇宙の中にある。たとえそれが遠い惑星の上にあって、私たちが見ることも触ることもできないとしても、また、その石について証言する人が誰もいなくても、さらに人間がいなくても、それは宇宙の中にあるのだ。

もう一つは、「私が目が見えなくても、生きている限り絶対自分の周りには必ず何かがあるから、「ある」は生きている限りある」というものである。これは遠い宇宙の話ではない。自分の周りの「世界」に関する話である。目で見て確認できなくても、この自分が生きている限り、何かはある。このように言う子どもに対しては、質問が出されている。もしも自分が「生きていなかったら、この世界にはいなくなっているかもしれないから、その時点で「ある」はないんじゃないいか」。この問いに対して件の子どもは「自分が何もできなくても、必ず周りには何かがあるから。自分がいなくなってもまわりには何かがあると思う」と答えている。そしてこの子どもの考えを補完するように他の子どもが言っている。自分がいなくなっても、「世界っていうのがあるんだから、「ある」はあるんじゃないか」。ここではもう、石も「この石」も問題にされてはいない。この子どもたちが考えているのは、世界があるということと、世界があるのだから世界に「何か」は必ずあるということ、つまり何も「ない」ということはあり得ないのだということである。

ここでは、「宇宙」という言葉ではなく「世界」という言葉が使われている。世界とは人間の住まう場所のことであるのだった。つまり、ここで考えられているのは、ただどこまでも広がる物理的な空間としての「宇宙」ではなく、「ある」ということを「考える存在である人間」が住まう場所としての「世界」なのだ。(しかしまた、「宇宙」も、それについて考える人間との関係においては、「世界」となるはずなのだった)。このような「世界」は、私が生きている限りある、とこの子どもは言い、じゃあ死んでしまったら？　とさらに問われて、「たとえ自分がいなくなってもある」と言う。世界の存在へのこの絶対的肯定。それは信仰といったものではもちろんなく、子どもの直截なリアリズムがとらえた事実に他ならない。地球の始まりを考え、石があるという事実について考えてきた子どもは、それを考えている自分という存在について何度も出あってきた。世界の絶対的肯定は、この否定しようのない事実、「考えている自分がある」ということとおそらく結びついているに違いない。「自分がいなくなっても世界っていうのがあるんだから、「ある」はあるんじゃないか」という子どもの言葉は、自分も世界もこの究極の「ある」と共にあるのだ、と言っているようである。そしてそれが「ある」ということであるならば、「無い」ということはあり得ない。そこには必ず「何かがある」のだ。この「何か」は、例えばあの石のような、今自分たちが見ている物であるかどうかは分からない。しかし無いということはないのだから、必ず「何かがある」ということは絶対的な事実である。この絶対的な事実の中でこそ、わたしたちは考えるということをしているのではないだろうか。

第四章　夢について

夢――このおかしなもの

今まで見てきた、時間や地球や石は、私たちにとって、あって当然と思えるものだった。だからそれについてわざわざ「考える」ということをするときには、子どもたちは、さまざまな思考実験を繰り返して、この当たり前に見えるものがいつの間にか、当たり前ではない不思議なものに変貌するのを見届けていたのだった。これに対して、「夢」とははじめから奇妙で、当たり前ではないものである。眠っているのに、いつの間にかベッドの中とは全然違う世界に行って、わけのわからない経験をする、それが夢である。だから、夢をめぐる子どもたちの対話は、今まで見てきた対話とはだいぶ様子が違う。子どもたちはまず、自分が見た夢のおかしさを、いろいろに出し合うことに熱中する。この対話は、「そうそう、それある！」と同感したり、「えー、私の夢は違う」と言ったり、と、夢の体験交流会のようで、これって、「てつがく」の対話か？　と参観者に疑問の声が出たりもする。思うにこれは夢というテーマから来る必然的な結果である。もちろん、「夢とは……である」といったたぐいの議論は、哲学者や大脳生理学者や心理学者といった人たちがいろいろと言っている。しかし、子どもたちにとっては、「夢とは何か」などということよりも、夢とはいかに奇妙なものであるかを話し合うことの方がずっと面白く感じられるようだ。そして、さんざん夢の奇妙さを話し合った果てに、当たり前であると思っていた「現実」と、この奇妙な「夢」との関係へと想いがいたるのである。まずは、子どもたちが口々に言っている夢の「おかしさ」「不思議さ」を見ていこう。

夢の始まりと終わり

夢は寝ているときに見る。しかし、そもそも「寝ている」という感覚は、寝ている本人にはわからない。このわけのわからない状態で、人は夢を見るのである。このことを、ある子どもはふりかえりノートに図式的にこう書いている。「寝る前」→「寝る感覚がない」→「寝ている（わからない）」→「夢で過ごす」→「起きる」→「夢だったとわかる」。子どもたちが、夢のわけわからなさについて口々に言っている大部分のことは、この子どもの図に表現されている。眠る前と目が覚めてからのことは、自分でよく「分かる」のだが、その間の時間のことは「わからない」のであり、そのわからない時間に夢を見るのである。

このわけのわからない時間の、どのあたりから夢が始まるのか、それもわからない。「夢の始まりは分からない、気がついたら始まっている」と多くの子どもは言っている。夢というのは、これから始まります、と言って始まるものでもなく、これから夢を見ようと思って見るものでもない。「始まりという感覚はない、始まりがわからない」というところが、夢の不思議なところであり、夢が日常の経験とはまったく異なっている点である。ところが、夢の内容そのものは、どうも、自分が夢を見る前からすでに始まってしまっているらしい。夢の話はたいてい「途中から始まっている」から。夢の世界はずっと続いていて、「途中でぱっと気づいたら」、その世界の中に放り込まれている自分に気づくようである。

夢の世界にいる自分は、しかし、夢を見ているとは思っていない。「夢を見た」とはっきり思うのは、目が覚めたときである。「夢というのはとても難しいです。夢を見ているのに、夢を見ているときは自分では分からないけれど、起きた時に自分の見た夢がわかるので」。夢の始まりがわからない、ということと同時に、夢を見たということが、眠りから覚めて事後的にしかわからないという点も、夢のどうにも不思議なところだ、と子どもたちは口々に言っているのである。

夢の健忘症

たしかに私たちは起きて初めて夢を見たことがわかるのだが、それにもかかわらず、夢の内容は起きるとすぐに忘れてしまう。「なぜ夢は起きたら忘れるのか」。多くの子どもたちがこう口をそろえて言っている。起きてみてしか夢を見たことがわからないのに、起きてしまえば、肝心の夢の内容は、まるで淡雪が溶けるようにすみやかに消えていく。あるいは、雪の上には夢の痕跡がはっきりと残っているのに、その痕跡が具体的にどんなものの痕跡なのかがわからない。こういう経験はたぶん誰もがしていることだろう。夢に関するこの健忘症は、他の場合の健忘症とはどこか違っているような気がする、と子どもたちは思っているようだ。だから、なぜ夢はすぐ忘れてしまうのか、とそのわけをいろいろと考えている。「夢は脳が考えることだけど、起きてから部屋の中の実際あるものを見ると、本物を見るので脳の考えたことを忘れてしまうのではないか」。ある子どもはこう言っている。ここでは、夢は「脳」の中の出来事で、「本物」を「見る」ということとは違っている、と考えられている。他の子どもも似たようなことを言っている。「現実は目で見て覚えます。夢では頭で感じて覚えていられません」。夢の健忘症についての、こうした考察は、夢の本質に迫るものであるように思われる。この点については、後でもう一度ゆっくり取り上げてみよう。

夢のこうした独特の健忘症ゆえに、はたして、夢を見たのか見なかったのかも、正確にはわからない、と言う子どもも多い。私たちは、昨日は夢を見た、とか、昨日は夢を見なかった、とか言うけれど、これだけ夢がすぐに忘れてしまうものなら、夢を見なかった、と言うのは、眼が覚めた瞬間にすっかり忘れているだけのことで、実際は、寝ている間中ずっと夢を見ていたのかもしれない。あるいは、「こんな夢を見た」と言っているのは、たくさん見たいろいろな夢の中で、たまたまその夢だけが覚えているということかもしれない。「夢を見ないことはあるのかないのか？　記憶にないだけか？」「もしかしたら記憶が消えているだけの可能性もあります」。夢とはかくもとらえ難いものなのだ。

夢の中の自分

もう一つ、夢の不思議さ、わけわからなさ、ということについて言うならば、そもそも夢を見ている「自分」というのがよくわからない。

何人かの子どもは、夢には二種類ある、と言っている。一つは、「自分が自分の中から世界を見ている」ような夢である。これは自分が夢の中の世界に入り込んで、その中で動き回ったり、怖い目やいろんな目にあっている夢である。「自分の中から」見る世界には、当然自分の姿は見えない。これは、現実の世界も同じである。ところが、もう一つの種類の夢では、「夢の中の自分を自分が見ているような感じ」がする。この夢では、夢の中で動いている自分とそれを見ている自分が二つの自分に分かれているのである。これは現実の世界ではない、不思議な経験である。ある子どもはこの感じをこう言っている。「夢を見ているときは、自分を遠くから見ているように感じます。不思議なのは、自分の少し遠くから自分を見ているのに、自分の体が遠くで動くのです」。この種類の夢は、多くの子どもが見ているようで、「夢は特別な映画なのかな」と言う子どもや、カメラと俳優たちを前にして映画監督がメガホンをもって「スタート！」と言っている絵を、ふりかえりノートに描いている子どもが何人もいる。これは現実の世界では経験できないことである。「現実では、自分の体は鏡を使わないと見えない」。なぜなら、「人の眼は顔についているから」と彼らは言う。確かに、私たちは自分の顔は直接自分で見ることは決してできない。顔以外の場所も、顔についている眼から見える範囲で、見える角度でしか見ることができない。つまり、「鏡を見ない限り自分の体を上から下まで見ることはできない」。しかるに夢では、この自分が丸ごと、遠くに見えるのである。そしてその自分が、ここでそれを見ているもうひとりの自分とは関係なしに、「遠くで動く」。つまり勝手に動くのである。このように、夢の中では、自分という存在が二つになっていて、それぞれ勝手に動いているようである。「夢の中の自分は、夢の中の自分を見ている自分の思いがわからない」。

この不思議な現象は、夢から覚めた直後、あるいは、夢と現実の境目では、別の形で経験されている。子どもたちがくちぐちに「そうそう、ある、ある！」と言って互いに盛り上がっていたのは、夢の中の自分とベッドで寝ている自分との間の、奇妙な連動である。ある子どもはこう言っている。「夢の中では空にいて、落ちて、地面にどかんと当たってるんだけど、現実では、見ていたお母さんによると、寝ている自分の体が「いきなり、ドクン、ビクンって動くみたいだった」。あるいは、ビルから落ちる夢を見たら、ベッドから転がり落ちていた。あるいは、夢の中で泣いていたら、現実でも泣いていた。夢の中でおかしなことがあって笑っていたら、起きたら実際に笑っていた。あるいは、夢の中で、何か言って、そばで聞いていたお母さんが「そうなの？」と言ったら、寝ながら「うん」と返事していた、などなど。この種の話は、始めたら止まらないくらい次々と出てきて、一番盛り上がったところである。夢の中で高いビルから真っ逆さまに落ちている自分と、ベッドから転がり落ちている自分と。ここでは、二つの自分は、夢の中の自分と現実の世界の自分とに二重化しているわけだが、目が覚めることで、この二重化は一気に解消される。「自分は今ビルから落ちた夢を見ていたんだ」とベッドの下の自分が自分に言い聞かせることで。つまりは、夢から覚めて初めて、夢の中の自分のことが分かるのである。

夢の不自由さ——空想や想像と夢のちがい

夢とはかくも奇妙なものである、というのがまず子どもたちが確認し合った実感であった。ふつうに「夢」というと、「私の夢は宇宙飛行士になることです」といった「将来の夢」とか、「夢のように美しい」といった「現実にはあり得ないくらい素晴らしい」ものとか、いろいろな意味で語られる。この授業では、テーマを決める時に、夢にもいろいろな意味があるけれど、ここでは、夜寝て見る夢について考えよう、とあえて限定を設けていた。その結果、子どもたちは、夢という現象の極めて具体的で、しかも、わけのわからないイメージを豊かに出し合うことができた。夢というのは、素晴らしいものではなくて、奇妙なものなのである。そして、こうした対話の中から、浮かび上がってきた究極の問いが「なぜ人は見たい夢を見ることができないのか」という問いであった。見たいと思う夢は見られず、見たくない夢を見てしまうのはなぜか。

ここに、子どもたちは「夢」と「空想」や「想像」との違いを見出している。空想や想像は、起きて目覚めているときに、自分で、「意識して」、いろいろと考えたり、思い描いたりすることである。「（夢は）空想ともまたちがいます。空想は起きている間にいろいろと想像することだからです。現実の中の空想は自分の都合のいいように変えられるけれど、夢はコントロールできないとわかりました」。空想や想像の世界は、夢と同じように現実の世界とは別の世界であるけれど、自分が作り出した世界であり、そのことが自分で分かっている世界である。いわばそこでは、自分はその世界の創造主なのだ。この世界は最も自由な世界と言える。自分の考え次第でどうにでもできる世界なのだから。どんなに奇想天外な世界であっても、それはちゃんと自分の中に納まる世界なのである。人は、自分で思うように空想したり想像したりできるのだ。しかし夢は違う。夢の世界は自分が思うように作った世界ではない。むしろ、それは、まるで「誰かが作ったような」世界であり、自分にはどうすることもできない世界である。人は、自分がハリーポッターーのようになって空を飛ぶことができる。しかし、ハリーポッターになる夢を見ようと思って見ることはできない。ハリーポッターみたいに空を飛んだ夢を見た、と言う子どももいる。しかし彼は、みんなから、「そんな夢を見たいと思ったの？」と聞かれて「ううん、全然。でも見た」と答えている。夢は見ようと思って見るものではなく、なぜか見てしまうものなのだ。反対に、いやだな、もうこんな夢は見たくないな、と思っていると、かえってその夢をまた見てしまう、という子どももいる。起きているときの空想や想像と違って、寝て見る夢は自由じゃない、夢は自分でコントロールすることができない、というのが、大方の子どもたちの結論であった。なぜなんだろう？　子どもたちは、夢の世界と、起きているときの現実の世界との違い、あるいは、夢の中の自分と現実の自分との違いへと思考を広げていく。

脳で見る夢と、目で見る現実

夢はなぜ忘れてしまうのか、ということを考えていたときに子どもたちが言っていた言葉をもう一度思い出してみよう。「夢は脳が考えることだけど、起きてから部屋の中の実際あるものを見ると、本物を見るので脳の考えたことを忘れてしまうのではないか」。あるいは、「現実は目で見て覚えます。夢では頭で感じて覚えていられません」。これらの言葉は、授業前に配布された資料から得られた情報をもとにしているようであった。この資料には、眠りには深い眠りと浅い眠りがあり、浅い眠り（レム睡眠）のときは、体は眠っていても脳は起きていて、この脳が夢を作り出すという、脳科学の知見が子ども向けに書かれていた。この情報をもとにして、子どもたちは、なぜ夢は起きるとすぐに忘れてしまうのかを考えているようである。しかしここでさらに子どもたちが、「脳」で見る夢にたいして、「目」で見る現実とを対比しているのは興味深い。確かに、夢を見ている時人は目をつぶって寝ているのだから、目で物を見ているわけではない。「脳」で見ているのだ。寝ている人の脳を調べると、夢を見ているらしいときには、脳の視覚をつかさどる部分が活動していることで分かるという。まさに、夢というのは、脳で作られた映像を脳で見ているということになる。

「目で見る」ということが「脳で見る」ということと違うのは、目で見る場合は、「部屋の中の実際にあるもの」、「本物」を見ていることだと子どもは考えており、だから、夢で見たものは覚えていられないけれど、目で見たものは覚えていられるのだ、と結論している。このことの意味を私なりに考えてみたい。目で見るとはどういうことか。目は顔についていて私たちの外に開かれている器官である。だからこそ、人は自分の目で自分の顔を見ることはできないのだった。目が見るものは、もっぱら私の外にある物であり、外部のものの光が外から私たちの眼を通って中に入ってくることで、物が見える、そして物があると分かるのである。ここで、前章で見てきた、「石がある」ということをめぐる対話を思い出してみたい。自分の外に物が「ある」ということがどうしてわかるか、という問いを前にしたとき、子どもたちは真っ先に、その物を目で見るからわかる、と考えていた。見るだけでは十分ではない、目が見えない人にとって、あるいは、目が見えても視覚の錯覚ということもある、その場合には、触覚が補助的な役割を果たしてくれる、とも考えていた。いずれにしても、そこで問題になっていたのは、自分の外の世界に客体としての物が「ある」ということと、それが「ある」とわかる自分との関係であった。今、夢という奇妙な現象を理解しようとしている子どもたちもまた、「ある」ということの意味に突き当たっているように思われる。「部屋の中の実際にある物」「本物」「現実」という言葉で表現されているのは、あの授業で教室の中に置かれていた「石」にあたる。石があるとわかるのは、自分とは別の存在である「石」が、自分の外にあるということがわかるということである。このことは、一八世紀の思想家のコンディヤックが、『感覚論』という本の中でやって見せている思考実験を思い出させる。[12]彼はまず、彫像の前にバラの花を置く。それから彫像に一つ一つ感覚を与えていく。まず嗅覚を与える。バラの香りを感じた彫像には、まだそれがバラから来ているとはわからない。何かが自分の外に在ることも判然としない。彼は自分がバラの香りそのもののように感じる。しかし視覚を与えると、自分の前に何か（もちろん彼は、「バラの花」という言葉は知らないから、それはまだバラの花ではない）があると感じる。さらに運動能力と触覚を与えると、手を伸ばしてバラに触れて、初めて、自分ではない何か、「物」が確かにそこにあるということを知る。そして子どもたちもまた、このような自分の外にある、自分ではない「物」（「本物」「現実」）は、外部に開かれた視覚や触覚によって初めて知ることができると考えており、ひいては、自分ではなく自分の外部にある「物」とのこうした関係が、「覚える」、つまり記憶という働きと深く結びついているのではないかと考えているのである。

逆に言えば、夢の場合には自分の外部は存在しない。眠っているときは、この自分の外にある世界に対して開かれた器官である目は閉じられている。にもかかわらず眠りの中で人はありありといろいろな「もの」（外部の世界に「ある」「物」と区別して、とりあえず「もの」としておく）を

(12) Condillac, É. B., *Traité des sensations*, Fayard, 1984.

見るとしたら、この場合の「もの」は、外の世界に「ある」物とは違うはずだ。それは、自分の脳が作り出した「もの」であって、脳の中でのみ存在する、脳に閉じ込められた特別な「もの」である。「物」と「もの」とのどちらがより強固な持続性を持つかと言えば、子どもたちは、明らかに「物」の方だと考えている。だから、「物」の世界に入るやいなや、「もの」は淡雪のように消えてしまう。すなわち「覚えていられない」のである。

夢の世界と現実の世界——一人で見る世界とみんなで作る世界

「物」の世界である現実の世界（自分とこの世界をつなぐのは「目」であり「手」である）と、脳が作って脳が見る「もの」の世界である夢の世界。この二つの世界には、前者が「覚えていられる」——記憶にとどめられる——のに対して、後者が「覚えられない」——記憶にとどめることが難しい——という違いがある。とりあえず子どもたちの多くはこう考えている。しかし、何人かの子どもたちは、夢と現実の区別について、依然としてばくぜんとした疑いを捨てきれない。「今って、現実なのかなあ、夢なのかなあと思ったりします。それって誰が分かるのだろう」。たしかに、こんな思いを一度として抱かなかった人がいるだろうか。たしかに、現実の世界とは、私たちの外側に確固として「ある」「物」の世界であり、この世界のことを、私たちは夢の世界のようにすぐに忘れてしまうことはない。記憶によって現実の世界は連続性と一貫性を保っている。

しかし……私たちが覚えていることと、忘れてしまったこととを比べれば、忘れてしまったことの方が圧倒的に多いのだ。幼いころの記憶を考えてみればわかる。幼いころにたしかに私たちのまわりに存在したはずの世界は、あたかも思いっきり地面に投げられて粉々に散ってしまったガラスのように、わずかばかりの小さなばらばらのかけらが時折キラッと光って思い出されるだけである。この記憶のあいまいさやとらえどころのなさは、夢の世界の記憶とどこが違うだろうか。そこまでさかのぼらなくても、たった昨日のことでも、朝起きてから寝るまでの間に自分が見聞きしたものの全てを余すことなく覚えている人はいない。人生の時間のほとんどは、忘却の中へと喪われてしまう。そう考えれば、夢の世界と現実の世界の違いは、単に、すぐに、あるいはほとんど忘れてしまうのと、ある程度は覚えているとの、わずかな違いにすぎないともいえるのではないだろうか。

しかし、夢と現実との間には、記憶の違い以上にもっと決定的な違いがあると考える子どもがいる。夢の世界は夢を見ているその人一人だけのものである（みんなが同時に一緒に同じ夢を見ることはできない）。それに対して、現実は、他の人たちと共有できる。「現実はみんなのものですが、夢は人それぞれのものだと思います」「夢は自分の頭で作るもので、現実は自分一人では作れず、みんなで作る物です。世界には、自分一人だけじゃなく他の人がたくさんいるからです。しかも広いからです」。現実はみんなで「作る」。例えば机の上に石がある、という現実にしても、みんなで石を見て、みんなで石があるねと確認しあって、そこに現実が作られるのだ。現実の世界とは、自分の外に「物」が存在する世界であるだけでなく、自分以外の他の人たちが、しかもたくさんいる世界なのである。世界にたった一人自分しかいなかったら、たとえそこに石があってそれを目で見ていても、そのことを共有しあう他の人たちがいないとしたら、その世界が現実かどうかは分からないかもしれない。石をめぐる対話では、この共有された世界を「作る」ものは、言葉であると考えられていた。石を直接見ていない他の人たちにも、石があることを言葉で教えることによって、「石がある」という現実が共有されたのである。石という物が存在する現実の世界を思考の対象としていた子どもたちが考えたことと同じことを、いま、現実の世界とは異なる夢の世界について考えている子どもたちは別の道を通って考えているのだ。

夢の世界と現実の世界における記憶の違いということも、この「他の人たち」から考察し直すことが可能であろう。おぼつかない幼年期の断片的な記憶が、確かに存在した「現実」であったことを保証してくれるのも、「他の人」に他ならない。私の子どものころをよく知っている親や兄弟や年上の知り合いたちが、「そうそう、あの時はたしかにそうだった」と言ってくれることによって、過ぎ去った時間の経験が「現実」のものであったことになるのである。逆に、まわりの人からいろいろと幼年期のエピソードを聞かされているうちに、いつしかくっきりとした過去のイメージが出来上がり、そのエピソードは確かに存在した「現実」となってしまった、ということもあるだろう。もしも、誰一人そういうことを言ってくれる人がいなかったら、喪われた幼年期の断片的な記憶は、夢と少しも違わないものになってしまうだろう。そして何より、夢というもの自体、こうやって他の人たちと、夢を見たという経験を話し合い、そうそう、そんなことある、とお互いに確認しあうことによって、はじめて、「夢を見た」という「現実」がそこに立ち上がるのであり、夢を見たという記憶が作られるのである。夢の中身が何であるかどうかはともかく、自分は「夢を見た」ということは紛れもなく現実である、ということを、子どもたちは他の人との話し合いの中で確認し、ひそかに安心しているのかもしれない。夢の話をしているこの教室は、夢の世界ではなく、確かに現実の世界なのだと。

逆に、現実を現実たらしめているこうした条件がなかったら、夢と現実は区別することがむずかしい。「今が夢だというのはおかしい。なぜなら、みんな同じ夢を見ている（ことになる）からです。今が夢ならば、誰かの夢で自分が存在しているかも。だから自分は存在しないかもしれない。だったら本物の現実があるかな」。「そもそも現実って何だろうと思ってしまいます。辞書で調べると、今、実際に目の前にある物事や様子と書いてあるけれど、どうして現実という言葉になったのでしょうか。考えれば考えるほど言っていたり、思っていることのわけがわからなくなってしまいます」。確かに、この辞書の定義では、そもそも現実が何であるか、いっこうにわからないし、言っていることのわけがわからない。「今」とはどのような時間なのか、「実際に」とはどういうことなのか、「目の前」とはどこなのか。夢だって、眠っている自分の前に今、実際にある物事や様子のことではないか。夢という不思議な世界について考えることで、子どもたちは、現実の世界とは何かという根源的な問いにぶつかり、「わけがわからなくなって」しまうのだ。小学生のメタフィジカの真骨頂は、自ら進んで果敢にこの「わけのわからなさ」の中に突進していくその健康でたくましい思考の歩みにこそあるのだ。

脳・意識・自由

夢についての問いの中で、子どもたちがくりかえし立ち戻った究極の問いが、「なぜ見たい夢は見られなくて、見たくない夢を見てしまうのか」というものであったことはすでに述べた。ある子どもが言っているように、夢の世界というと楽しい世界のように思われるけれど、実際に寝て見る夢は、楽しいものばかりではない。というよりは、むしろ、今まで見てきたように、楽しいというよりは奇妙な、時にはこわい夢の方がはるかに多い。どうせ見るなら楽しい夢、面白い夢を見たい。しかしそれは無理である、と子どもたちは経験的に知っている。ここから、夢をコントロールすることはできない、という話になる。夢を見る、ということは自由にできることではないのだ。なぜだろう。

このことを子どもたちは、例の脳科学者の言う、「眠っていても脳は働いている」という言葉に戻って考えている。そしてその時、「脳」と区別される「意識」というものについて考えずにいられないのだ。「人は寝ていると意識がないから脳を操作できない」。だから脳が「勝手に」夢を作って、それを私たちに見せる。眠っているときも確かに脳は働いているらしいが、しかし、そのときの脳は自分の脳でありながら自分が自由に働かせるものではない。自分の見たい夢を見ることができないのは、眠っているときの脳を自分でコントロールすることができないからである。このように多くの子どもは考えている。「夢は脳が勝手に作る」という表現は、多くの子どもたちのふりかえりの中にくりかえし出てくる。「脳が勝手に」ということはすなわち、自分が意識していないのに、ということを意味している。こうして夢の奇妙さを考える中で、子どもたちは、「自分」と「脳」と「意識」の関係について考えずにいられなくなったのだった。夢のわからなさ、「あやつられている」ような、あるいは、「誰かが作ったみたいな」夢のなんとも不思議で奇妙な性格は、この三つが互いに一致して働くのではなく、「脳」だけが勝手に動いていることから生じているらしい。

自分の意識がそこに働かないのに、自分の脳だけが「勝手に」動いているとき、つまり意識によって自分をコントロールできないとき、人は自由とは言えない。だから夢の世界は自由ではない、と多くの子どもたちは言っている。見たい夢が見られない、夢の中では自分の体が遠くで勝手に動く、こういう経験を散々話し合った子どもたちは、その原因を、自分の「脳」と「意識」の乖離の中に見出し、それと知らずに、「意識」と「自由」との関係をめぐる問題圏に入っていく。奇妙で、当たり前ではない夢の世界と、当たり前で自明の現実の世界とを比較してみたとき、そのどちらが自分で「コントロールできる」「自由」な世界と言えるのか。

この問いは、実は、自由であるとかコントロールできるということをどのようにとらえるかによって答えも違ってくるのでは、と考えている子どもがいる。「わからないことは、なんでみんな、現実では自分をコントロールできて、夢ではコントロールできないと言えるのかです。なぜなら本当は、現実は、自分をコントロールできなくて、夢の中では自分をコントロールできるという考え方をすることもできます」。「……という考え方をすることもできます」とこの子どもは書いている。自由か自由でないか、コントロールできるかできないか、それは一義的にいえることではなく、「考え方」を変えてみれば、逆も言えるんじゃないか。そうこの子どもは言っているのである。この言葉にしたがって、私も「考え方」を変えながら考えてみよう。

夢の世界、現実の世界、どちらが自由?

夢の世界を、すばらしい世界というよりも奇妙な世界と感じる子どもたちは、この奇妙さを自分の「意識」と無関係に勝手に「脳」が作って見せる世界の奇妙さとしてとらえたのだった。自分の意識がそこに働いていないのだから、この夢の世界は自由な世界とは言えない。夢の世界はコントロール不能な世界なのだ。その最たるものが、見たいと思う夢は見られず、見たくない夢を見てしまう、ということだ。これに対して、でも現実の世界だって自由とは言えない。と言う子どもがいた。現実の世界で私たちは、何でも自由にできるわけではない。むしろ、たくさんの拘束が私たちを縛っているじゃないか、というのである。これには私も同意せざるを得ない。夢の世界では、空を飛ぶということもあり得るが、現実の世界では、重力が邪魔をしてそういうことはできない。今日は良い天気だから、一日外で遊んでいたい、と思っても、自由にそうするわけにはいかない。小学生は学校に行かなければならない、という決まりがあるから。私たちは、数え上げると無数の拘束に縛られている。大人になるとこの拘束は減るどころか、ますます増えていくように思われる。

さて、夢の世界と現実の世界は、どちらが自由か。この問いは、明らかに「自由」ということをどのようにとらえるか、ということにかかっている。夢の世界が「脳」の作る架空の世界だとしたら、自分で見たいような世界を、意識して自由に作れるはずだ。それが「空想」とか「想像」ということである。これに対して夢の世界が不自由なのは、自分の中の「意識」がそこに働くことができないからである。子どもたちはこのような不自由のことを、時に「夢遊病」という言葉を使って説明している。これは、現実の世界にありながら、意識が働かず、勝手に行動する例である。(*この話を聞くと、犯罪を裁く裁判でしばしば言われる、いわゆる「心神耗弱」という言葉が想起される。裁判では、犯罪を犯していたその当の時、当人に、それを行っているという「意識」があったかどうか、が問われているようである。意識がなかったなら、責任能力がないということで、刑が軽くなる。ただしこの場合は、必ずしも夢遊病のような状態である必要はなく、それをやってはいけないという「判断能力」が欠如している状態とみなされればよいようである。「意識」はあるけれど、良いか悪いかの「判断能力」がない、という状態。これは「自由」なのか「不自由」なのか。現実の世界では、夢遊病のような特殊な状態を別とすれば、人はみな「意識」を持って行動している。自分の行動を「意識」でコントロールするということを自由と考えるなら、現実世界では、人はみな基本的に「自由」だということになるだろう。しかし、「心神耗弱」という用語には、「意識」だけでは、自分の行動をコントロールするには、つまり、自由であるためには不十分なのだという意味がこめられている。そこには、やってよいか悪いかを「判断する」「能力」が必要とされるらしい。)

自由ということを、自分で意識して、自分で自分がやっていることをわかりつつ行動すること、つまり、自分を自分でコントロールできることだ、と考えるなら、夢は自由ではないということになり、起きていて自分で意識して行動している現実の世界は自由だ、ということになるだろう。しかし、自由ということを、外からの制限や拘束がないということだと考えるなら、現実はとても自由とは言えないだろう。現実の世界にはたくさんの制限や決まりがあり、私たちは「指定されたことしかできない」。現実を思うようにコントロールすることなんかできないのだ。むしろ夢の世界には、そうしたきまりや制限はなく、何でもできるのだから、自由である。じっさい、夢の対話の初めの方では、子どもたちは、夢の世界は自由だ、何でもできるから、と言っていたのだった。それが一転して不自由だ、となったのは、夢の不思議さ、奇妙さをさんざん話し合った後のことだったのである。このように、自由とかコントロールするとかいう言葉のとらえ方、考え方の違いによって、夢と現実のどちらが自由と考えるかも違ってくるのだ。

ある子どもはさらに考えを進めてこう書いている。「現実の世界には決まりがあってあやつられて（指示されて）いるから、夢の中は自由？　それとも現実の世界の方が自由？　という問いについて、私は現実の世界には決まりがあって私たちは、あやつられているという意見に反対です。なぜなら今わたしたちは何でも自分の思い通りに行かなくて我慢をしているわけではないと思うし、みんなに優しくしてもらったり、譲ってもらったり、自分で何かをしようと思って実行することもできると思うからです。」これは、現実の世界には制限や決まりがあって不自由だ、という考え方に対する、もう一つの反論である。この子どもは、おそらく、現実の世界に制限や決まりがあることを否定してはいない。しかしだからと言って、わたしたちはそれをただただ我慢して不自由でいるというわけではない。決まりがある中でも、私たちは譲ったり譲られたりして（これは決まりによって強制された行為ではない）いるし、「自分で何かをしようと」思うことはできるし、思うだけでなく、それを「実行することもできる」。つまり、私たちが生きている現実の世界は、完全に自由が拘束された不自由な世界でもなく、また、なんの拘束もない完全な自由の世界でもなく、その中間にあって、一定の拘束のもとでそれぞれが譲り合い、できる限りの自由な行動を互いに保証し合って生きている世界なのだ。この子どもの言葉は、私に哲学することの意味をあらためて思い起こさせてくれる。この子どもの言っている世界は、要するに、当たり前の、今自明とされている世界のように見える。子どものこうした考え方は、哲学することにふさわしからぬ常識的な考え方ではないか、と言う向きもあるかもしれない。しかし、この子どもは、夢の世界と現実の世界、自由と不自由、といった二項対立をあえて立てて考え続け、それを経た目を通して、再び、当たり前とされている現実の世界を見直しているのである。そこに見えてきた世界は、以前の世界と同じ様に見えて、そうではない。それは、いわば哲学的な吟味を通して再構成された世界なのだ。自明視されていた世界は、いま、内部に緊張をはらんだ危うい世界として再構成されているといっても良い。哲学することの先には、全く新しい別の世界像が開けてくるのではなく、従来通りの世界が、新しい光の中で、新しい意味を帯びるものとなってたち現れてくるのだ。このことは、次の章の自由についての議論の中に再び見いだされるだろう。

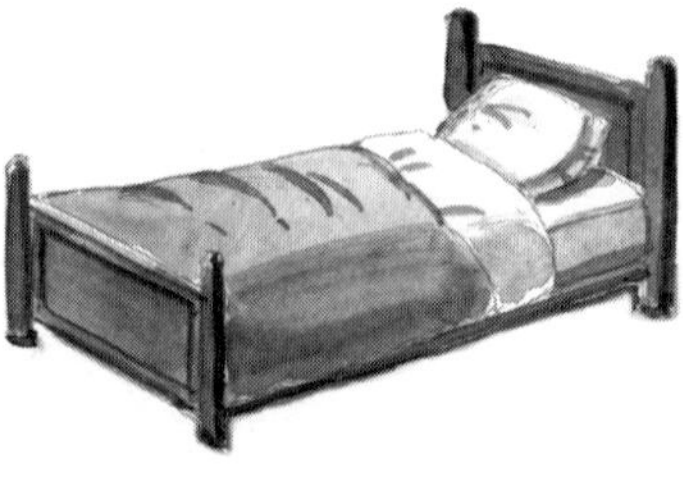

第五章　自由について——何が人間を不自由にするのか

不自由がなければ自由はない

この章では、六年生のクラスで何回かにわたって行われた、「自由」をテーマとした「てつがく」の時間をふり返ってみることにしたい。(13) ここで興味深いのは、当初建てられた「自由とは何か」という問いが、途中から、「何が人間を不自由にするのか」という問いへと変わった、ということである。たしかに、「自由とは何か」と聞かれると、あれこれと抽象的な言葉が浮かぶば

(13) 自由に関する授業の一部については、授業者によってすでに論文化され公表されている。岡田泰孝「哲学教育における自己評価のあり方を探る―子どもの対話と記述の関係の分析から」全国社会科教育学会『社会科研究』九〇号、二〇一九年、一三―二四ページ。

かりで、具体的な切実感を伴う言葉はなかなか出てこないが、「ああ、不自由だ」と思う場面のことはいくらでも思い浮かぶものである。これは、正義と不正義の場合にも当てはまる。正義とは何かを問う前に、人はある状況に対して「これは不正だ！」と感じるのであり、そしてこういう状況は身近にたくさんあふれている。「不正だ！」と感じて、さてそれでは「正しい」というのはどういう状態を言うのだろうか、と考えずにいられなくなる。実は「幸福」と「不幸」についても同様のことが言えるのだが、これについては後の章で取り上げる。

そもそも完全な自由、と言うのは雲をつかむような実体のないものだ。というよりも、ある子どもが端的に述べているように、「不自由ということがなければ、自由が当たり前となり、自由という言葉自体がなくなる」。別の子どもは、同じようなことを、「自由は不自由の上に成り立つ」とも言っている。「自由だ！」と一番感じるのは、たぶん、長いこと狭い場所に閉じ込められていたところから解放されて外に出た瞬間だろう。周りに壁も天井もない、広い空の下の、開かれた空間にいることが、それだけで「自由だ！」と感じられることだろう。恐らく順序としては、「不自由」の直接的な経験の方が先にあって、そこから抜け出したという経験として「自由」という経験がやってきたのではないか。欧米語の自由 liberty, liberté というのが、liberation（解放する）という意味であることもそうしたことであろう。

しかし、閉じ込められた場所から外に出てみてしばらくたつと、実はそこにも不自由がたくさんあることに気づく。場合によっては、閉じ込められていた時の方が自由だった、などと思う時もあるかもしれない。このことを別の子どもはふりかえりの中でこう書いている。「自由・不自由はある制限の中にある。ある制限の中の自由は、別の制限の中では不自由であり……という風にずっと続いていき、制限の外に出ることはできない。制限の中に自由・不自由があるとしたら、それは勝手に人間がそう感じているまぼろしなのかもしれないととらえることは可能である」（これは、「本を読んで考えたこと」、というレポートの中で記されている文章である。これが本からの正確な引用かどうかは確認できないが、少なくとも、この文章は、子どもが理解し、自分でもそうだと考えたことを表現しているものである。）

自由と不自由の連鎖はどこまでも続き、私たちはその外に出ることはできない。それは、自由・不自由は私たちが自分で定めている「制限」の中で言われているものだからであって、自由というものや不自由というものが実体としてあるわけではないからである。この子どもは絶対的不自由の一つとして一般に考えられている「目が不自由」という例を挙げている。眼が不自由なのは現実であって、私たちが勝手に決めているものではない、と言うのだろうか、そうではない、とこの子どもは言う。これは「目が見えるというルール」を前提にしている社会が課している制限の中でのみ成立する不自由であって、不自由そのものは存在しないはずだ、と。たしかに、目の見えない人たちが社会のルールを作っていったら、あるいは、暗闇が続く状態が続いたら、不自由なのは眼が見える人たちの方になるのだ。

自由・不自由というのは、こうして「人間が」、あるいは「人間だけが」勝手に感じているまぼろしなのかもしれない、ともいえる。動物はどうだろうか、と考えた子どももいる。「ケージの中で飼われているハムスター」はどうなんだろう、と。ハムスターは「不自由だ!」と思っているのだろうか。ケージのふたが開いて、一目散に逃げ出したら、その時「自由だ!」という思いがその胸に広がっているのだろうか。外に出て、やっぱりケージの中の方が自由だ、と思ったりするのだろうか。私たちはそれを確かめることはできない。少なくとも「自由」とか「不自由」という言葉で考えることができるのは、そういう言葉でものを考える人間のケースだけである。

こうして「自由とは?」をめぐる対話は、「不自由」から始まり、そしてより具体化された形で、「何が人間を不自由にするのか」へと移っていった。

何が人間を不自由にするのか

それでは、不自由であるという状態はどのような状態を指すのだろうか。

まず第一にあげられるのは、先にあげたような部屋に閉じ込められる、とか、あるいは「体を縄で縛られて」、身体の運動を拘束されている状態である。このような状態でも自由だ、と言い得るのは、悟りを開いた聖人のような人で、子どもたちの考察の範囲には入ってこない。身体的拘束と似たような場合として、夢の例で出てきたような夢遊病のように、拘束はされていなくても、自分の体が意識しないままに動くというケースも考えられるかもしれないが、このクラスでは出てきていない。

しかし、不自由について話し始めた時から、たいていの子どもは、不自由とは「単に縄で縛られたり」といった身体的物理的な拘束だけを意味しているのではないだろうな、と思っていたようである。そこで第二に、「不自由だ!」と思うのは、やりたいことがいろいろな決まりや、親の言いつけや何かで制限されるときだというのが出てくる。これは小学生としては、最も日常的に感じている「不自由」である。早く大人になって、親からあれこれ禁止されることなく自分で好きなようにやりたい、というのが実感であろう。最も身近な「制限」が親の言いつけだとすると、もう少し広げると、制度や決まりや法律など、それに従わなくてはならない社会的な制限はたくさんある。小学生にとって最たるものは、毎日、決まった時間に、学校に行かなくてはならない、という決まりである。一日中ぶらぶらと遊んでいたいな、と思っても、それは許されない、「不自由だ!」。

人間を不自由にするものとしてもう一つ、子どもたちが重要だと思ってかなり長く議論していたのが、「思い込み」というものである。これは直接外からきまりや言いつけで縛られているわけではないのに、自分から、「これはやってはいけない」とか「これをしなければならない」と思って、自分のやりたいことをセーブしてしまうことを指している。「思い込み」という言葉が使われているように、これは自分でそう「思う」という、自分の内側から課せられる不自由である。「これがやりたい」という気持ち、つまり、欲求というもう一つの自分の内側から発するものが、「これをやってはいけない」というやはり内側にある「思い」によって抑え込まれる、という現象は、しばしば欲求と内面化された規則の関係として考えられているものである。しかし、子どもたちの中には、「思い込み」を単に内面化された規則以上のものと考える者が出てくる。あとで見るように、「思い込み」をめぐる議論は錯綜し、一筋縄ではとらえられないものになっていく。

不自由は存在しない!

議論が動きはじめたのは、「自分は家や学校で不自由など感じたことがない」と言う子どもが出てきて、教師がそれを受けとめて確認したときである。「何が人間を不自由にするのか」を議論し始めたら、「不自由はない」と言う子どもが出てきたわけだから、教師としてはまずその考えを皆が理解しておくことが必要だ、と考えたのである。クラスでは、最初の対話で、人間は完全な自由の中にはいない、つねに何らかの制限が課す不自由の中で生きている、ということがすでに共通の認識になっていた。しかしにもかかわらず、普通に生きている中で、人はいつも「不自由だ」と思いながら日々を暮らしているわけではない、というのも事実である。「不自由はない」という子どもはこの日常的な感覚にこだわっているように思われる。その一人、Mは次のように言っている。

「制限っていうものは、自分には形として見えるものではないから、不自由なんて普通気にもしないし気づかないから、不自由ではない」。

たしかに、制限された不自由というのは、いわば私たちを囲む大気のように目に見えないし、それと気づくこともないものだ。その中で生きている私たちには、この不自由を外側から見ることはできない。時々この大気の外に飛び出して、息苦しくなってこの不自由という制限に初めて気づく。不自由は非日常性の中でこそ感じ取られ、気づかれる。普通に、家や学校で生活している子どもにとっては、「不自由を感じない」というのが素直な実感なのであろう。

Mの言葉から私たちは、哲学するということの一つの大事なポイントに気づかされる。哲学することは、自明なこと、当たり前なこと、日常に埋没していることを、改めて問い直しその自明性を疑ってみる行為である。そのためには、日常のさまざまな局面をわざわざ一つずつ取り出して検討したり、時には、日常ではありえない局面を想定してみたりして、思考をめぐらす。哲学するとき、私たちは、日常を切り刻んだり、そこから離陸して宙に浮いた場所から日常を眺めて見たりする必要がある。しかしそのことは、日常を忘れてしまうことではない。空ばかり見て歩いていて地上の穴に落ちる哲学者、というイ古来からのメージは、哲学を揶揄する者たちの作ったイメージであって、哲学者と呼ばれる人は空と地上の両方を見ている人である。この足の下に確かに感じられる土の上で生きている、この地上の生活が何なのか、その意味を問うのが哲学なのだから。Mの発言は、自由・不自由という概念を、もう一度日常的な実感の方へと引き戻すことで、制限の中で制限を意識することなく行われている日常生活において、自由とか不自由というのはどういうことなのだろうか、という新たな問いを挑発するようなものであったようにも見える。

この、たぶんM自身も気づいていない挑発に乗って、議論を全く新しい方向へと転換させたのがFという子どもである。

良い・悪いと自由・不自由

「自分を縛っているものは見えないと言ってるけど、見えないからこそ、悪いことを良いことだと思い込んでやっていたら、それこそ不自由なんじゃないですか。たとえば、自分が夜遅くにゲームをやっているとして、その人はそれを良いと思ってやっているんです。でも、夜遅くにゲームをすることが、本当はダメだったら、それは良いと思っているのに悪いことなんだから、それは不自由じゃない？　っていう質問です」。

この「質問」はおそらくMにとっては面食らわずにいられない質問だったことだろう。彼は単に、自分は、日常的な生活の中では、不自由というものをことさら実感することはない、と言っているだけなのに、いきなり、君は悪いことを良いことと思い込んでやっているんだ、と言われたのだから。彼は、不自由について話したが、良いこと・悪いことについては一言も話していないのだ。しかし、ここで、それは問題の次元が違う、と言って斥けないのが、まさに小学生の哲学の面白さである。Mは、たぶん戸惑いながらも、Fのこの反論を受け入れそれに応答する。というよりも、このFの言葉の中に、何か重要な、そして面白い論点が隠れているように感じて、積極的にそれにのったのかもしれない。MのFに対する応答はこうである。

「自分が良いと思っていることをするって言いましたね。それなら自分で思っていることをできるんだから」。あるいは「自分で思っていることなんだから、その内容が間違っていても、あっていても、どっちにしろそれは自分なりの意見なんだから」、だからそこには不自由はないのではないか。

たしかに、人は、自分で良いと思うことを、その自分なりの考えに従って行う以外にどうすることができるというのだろうか。自由とは、自分が良いと思ったことを、自分が行うこと以外の何だろうか。Mのこうした自由論を、さらに先に進めたのが、Mと同様に不自由はないと言っているIである。Iの登場のきっかけを作ったのは、さっきFが例として出した夜更けのゲームが良いか悪いか、という問題を、夜更けにゲームをしてはいけないという親の禁止―ルール―に対する行動の仕方の問題（つまり、言いつけやルールを守るか守らないか）としてとらえ直した、教員の次のような問いであった。

「お家の人に夜中までゲームをやってはダメと言われているけれども、そのルール、親の縛りというのは崩せるのね？」

このとき、「くずせる！」と即答して議論に入ってきたのが、Iであった。教師の介入によって、ここで問題は、夜中にゲームをすることが良いか悪いかという特殊な問題から、ルールに従うことが自由との関係という、より一般的な問題へと展開したのである。彼は、親からもう遅いから本を読むのをやめて寝なさいと言われても、こっそりと布団の中でかくれて読み続けた。親の言いつけ、親が課してくるルールは、破れるのだから、ルールがある中でも人は不自由ではない、と彼は言うのである。これに対して、ある子が、でもI君は前、親にゲームを禁止されているからできないと言ってやらなかったことがあるじゃないか、親の言いつけを破れるんだったら、あのときゲームはできたはずじゃないの？　という反論が出る。これに対するIの答えは彼が自由ということをどう考えているかを、端的に表現するものである。「だって僕そのとき、親の言いつけを守る方を選択したんだもん」。

これは決して単なる強弁や開き直りではなく、彼の一貫した自由の考え方から来るものである。そのことは、Fによって執拗に問い詰められた時の彼の言葉により一層はっきりと示されることになる。一方、Fはどこまでも、悪いことをすることは不自由である、という考え方を崩さない。議論の前半では、FはMに対して、「悪いことを良いことと思い込んでするのが不自由だ」と言っていた。この場合には思い違いによって、自分が思っていることと実際にやっていることとの間に、齟齬が生じているから、それを指して不自由と言っているのである。思っていることをやることが自由だとしたら、本当に思っていたのとは実は違うことをしているのは不自由である、という論理がここでは成り立っている。しかしIの言っていることは、どうもそういうことではないらしい、とFは気づいてくる。Iはもっと確信犯である、と。

「Ｉは、悪いことと知っているけど、悪いことをやった方が良いって思っているからやってるんです」とＦは言う。ここでは、思っていること（悪いことをやった方が良いからやろう）と実際にやっていること（悪いことをする）は一致している。それでもそれはやっぱり不自由だ、Ｆはそう考えている。彼は、「自分で判断していることがちゃんと全部良いことであれば、それは自由だし、それが一つでも悪いことがあれば、一つでもっていう言い方は悪いかも……まあ、それが悪いことだったら不自由です」と述べているからである。Ｉはルールを破ることが悪いことだと知りながら、その悪いことをあえて「やった方が良い」と判断して悪いことをやっている。それが不自由だ、と。

このＦの言葉に対して、Ｉは最後の決着をつけるように、言い切っている。

「やった方が良いじゃなくて、やっちゃいけない理由がない。守る必要があれば守るし、守った方が自分に得があれば守る」

もしもＦの言っている「悪いこと」というのが、「やってはいけないこと」だと言うのなら、Ｉが言っている「やっちゃいけない理由がない」ということは、ルールを守らないということは、「悪いこと」（＝「やってはいけないこと」）ではないということを意味する。同じように、「良いこと」というのを「やらなければならない」こととみなすなら、ルールを守るということも、「良いこと」＝「やらなければならないこと」ではない。つまり、「ルール」自体は良い・悪いと関係なく、いわば中立的なものであって、それを守ったり破ったりすることは、良いことでも悪いことでもなく、守ることが自分にとって必要かどうか、得であるか損であるかを考えたうえで自分で選択した結果の行為であるにすぎない。こうして、「やった方が良いんじゃなくて、やっちゃいけない理由がない」と言い切ることによって、Ｉは、Ｆの言う「良いこと」「悪いこと」という区別の仕方そのもの斥け、同時に、不自由の存在を否定するのである。

ルールと自由・不自由

この二人のやり取りを聞いていた子どもたちは、これをどう受け止めただろうか。多くの子どもたちは、「ルールを守る」ことについてのＩの考えに同意したようである。ふりかえりには、「ルールを守るかどうかは、メリット・デメリットを考えて決める。だから守っても不自由とは言わない」、「自分のためになるかどうかで決めるのだから自由だ」、「ルールは自分で破れる、だから不自由はないという考えに賛成である」、あるいは、少し違う言い方で、「ルールに本心から従う気であれば、その人は自由である」「自分たちで決めたルールなら従っても自由である」などというのもある。ちなみに、自分たちで決めたルールに従うことは自由である、という考え方は、例えば一八世紀の思想家ルソーが考えた社会契約の考え方と同じである(14)。子どもたちの言葉で言い直せば、この説はおよそ次のようになる。一人一人がバラバラで、互いに勝手なことをやっているとそれぞれにとって損な事態になる。そこで人々は、互いに結合しあうという契約を結び一つの共同体をつくり、この共同体のルールに従うことにした方が得だと考えるに至る。この契約は、個々の事柄についてのルールではなく、共同体をつくり、共同体が良いとすることに従うという最も根本的なところでの契約であって、社会契約と呼ばれる。この契約によって、人は自分勝手に何でもできるという自由を失うけれど、それと引き換えに、自分で同意した共同体の一員となり、この共同体が良いとすることに従うことで、生存をより確実なものにする。つまり、そっちの方が得だから従うのである。ルソーは、人間はそこで同時に、自分で決めたことに自分で従う、という新しい自由を獲得する、とも考えている。もしもその後にこの共同体が良いとすることがどうしても自分にとって良いとは思われない、従えない、となった時には、彼には最後の自由、この共同体から出ていくという自由を行使できる（共同体の側から言えば、こういう人をメンバーとして外し、共同体の外へと追放することができる）。このように要約されたルソーの社会契約思想における「良いこと」というのは、個々人の「生存」を保証するということである。ただしルソーは、この「良いこと＝自分にとって得である」ことを選ぶ自由と、自分で決めた法に自分で従うという自由とを重ね合わせてとらえている。後者は、損得とは別の次元の「それ自体よいこと」に従う自由であり、それをルソーは道徳自由と呼んでいる。この思想は、個々人の生存という最も基本的な事柄自体がきわめて困難な状況の中で、人々の生存と人間としての自由との両立を模索する中で生まれたものである。ルソーがこう考えてからしばらくして、フランス革

(14) ジャン・ジャック・ルソー『社会契約論』作田啓一訳『ルソー全集五』、白水社、一九七九年。

命が勃発したのだ。

ここで子どもたちが考えている、ルールに従うかどうかというのは、こうした、生きるか死ぬかという切迫したものではないが、基本的な構図は同じである。ルールにはそれ自体としての絶対的な良い・悪いの「理由」（根拠）があるわけではない。人々は、自分たちにとっての良い悪い（得か損か）を考え、その判断に従ってルールを作り、その判断に従ってルールを守ったり破ったりするのだ。子どもたちは、究極のルール「人を殺してはいけない」というルールさえも、このように考えているようである。人を殺せば、死刑になったりする、これは究極の損である、だから人はこのルールを守るのだ、という発言もあり、それに対する反論は見られない。この種のテーマでしばしば問題になる、人を殺すことはなぜ悪いのか、とか、普通の殺人と戦争で敵を殺すのはどう違うのか、といったことは、話には出てこない。ここでは子どもたちは、自由か不自由かという問題との関係で、「人を殺してはいけない」ということも、一つのルールとして考えているのである。

究極の自由

このように、ルールという外的な縛りのもとでも、人は必ず自分にとって良いと思われるものを自分から選択して行動しているのであって、したがって、そこに不自由はあり得ない、すなわち人は常に自由である、自由でしかありえない、というMやIの考えは、十分説得的である。この「自分にとって良いこと」が何かは、状況の中で決まる。それは必ずしも、自己の生命の保存ということにとどまらないのだ、ということを私は、最近見た「名もなき生涯」という映画の主人公の行動を通して考えずにいられない[15]。この映画は、ナチス占領下のオーストリアの一農民が、ヒットラーへの忠誠書に署名することを最後まで拒否して、死刑になったという実話をもとにしたものである。ヒットラーの強権体制のもとでも、「自由な市民」（ユダヤ人はそこから排除されていたが）である限りは、人は自分で選択する自由を持っていた。たとえその選択が究極の選択であっても、どちらを選ぶかは彼にゆだねられていたのだ。忠誠書の署名を拒否することは、自分の信念を貫くことであり、自分にとって良いことであるが、同時に、死刑になり、愛する家族を貧困と周りの人々からの敵視の中に置き去りにすることであり、自分にとって悪いことでもあった。他方で、忠誠書に署名することは、自分の信念を裏切ることで自分にとっては悪いことであるが、愛する家族とともに平穏な生涯を送ることを可能にするという意味ではやはり自分にとって良いことでもあった。このどちらを選ぶかを考えるにあたって、彼が考慮したものは何だったろうか。それは「自分にとって本当に良いこと」はどちらか、ということだったろう。彼は、たとえ紙切れ一枚のことであっても、ヒットラーを拒否することが、自分の命や家族を守ることよりも「自分にとっては真に良いことだ」と考え選択したのだ。彼自身がそれを「良い」として選択したの

(15) 映画「名もなき生涯」（テレンス・マリック監督）二〇一九年。

であり、そこに究極の自由があったという以外ない。この選択に対して、それは「本当は悪いことを良いと思ってやったんだ」と言うことができる人は誰もいないのである。たとえ彼が逆の選択をした場合でも。

人間の生は、程度の差はあれ、こうした選択の連続であることに、やがて子どもたちも気づくときがやって来るだろう。しかし、小学生の「てつがく」は、こうした切迫感や深刻さとはいまだ無縁のようである。彼らは、「自分にとって悪いこと」の究極は、自分が死ぬことだと思っている。人を殺すことは、それによって自分が死刑になるかもしれないから、「自分にとって悪いこと」なのであり、だから、それをしないことの方を選択するのだ、と考えている。こういう考えから見れば、この主人公の行動は、理解できないだろう。彼にとっては、一枚の紙に署名することの方が、死刑になることよりも、そしてまた、愛する家族と別れるのみならず、彼らをつらい暮らしの中に落ち込ませること（彼にはこっちの方がはるかにつらかったはずだ）よりも、「自分にとって悪いこと」だったのである。しかしながら、Ｉが言っている、「自分にとって得になること」を選ぶというのは、究極的には、こういうことをも意味しているのである。主人公の姿は、信仰を守り抜いて死んだ殉教者の姿をほうふつとさせる。実際、彼は妻と共に敬虔なキリスト教徒であり、二人は、肉体の生がすべてではないと知っている。だから、妻は夫が獄中にある間、女手での過酷な農作業にも、村人からの迫害にも耐え、彼の最後の決断を受け入れることができた。地上での「生存」を超えた、あるいは、肉体としての存在とは別の生の存在を共に信じていたからこそ、彼の選択は二人にとっての良いことの選択であったのだ。もしも、妻の方が信仰を持たない人だったら、彼の行動は理解しがたい、自己満足の行動に思われたかもしれない。そこに生まれる悲劇は、救いを見出すことのより困難な、より「人間的な」悲劇となっただろう。

「思い込み」と不自由

こうした究極の選択も含めて、人はいつも「自分にとって良いこと」を選択する、だからそこに不自由はない。しかし、この考えに対して、Ｆはどこまでも、「自分にとって良いと思ったこと」が、「本当に良いこと」なのかという疑問を投げかけ続ける。ＭやＩにとっては、この二つの区別は存在していないのだが、Ｆにとっては、この区別は自由・不自由を考えるうえで絶対的に重要であると考えられている。人はたしかに、いつも、自分にとって良いことを選択し行う。しかし、それは実は、「本当は悪いこと」かもしれない。このように、今まで考えられてこなかった、「本当に良いこと・悪いこと」という別の次元を導入することで、Ｆは、ＭやＩの考える自由論を覆しているのだ。確かに、「自分にとって良いか悪いか」の次元で考える限り、人は不自由であることはあり得ない。上に見たような究極の選択の場合においてもなお、人は、「自分にとって良いこと」を選択しているのであり、自由なのだ。人間は自由でしかありえない、とも言えよう。これに対してＦは、「自分にとって」を考慮に入れない、それ自体において良いこと・悪いことを考えることで、自由・不自由の新しい次元を開く。「自分にとって良いこと」と思ってする選択は、実は単なる「思い込み」による選択であり、そこには、自分で選択している自由があるように見えるが、実は、不自由しかないのだ、と言うのである。Fは繰り返し、こうした「思い込み」こそが人を不自由にする、と主張し続けている。

多くの子どもたちにとって、この主張は大いに関心を引くものであったが、しかし、今ひとつよくわからないものでもあったようだ。それは、それまでの対話の中で言われてきた「思い込み」という言葉が持っていた意味と、彼の言う「思い込み」がうまくかみ合っていなかったことからくるように思われる。

すでにみたように、「何が人を不自由にするのか」ということについて、対話の中では、三つのレベルが考えられていた。物理的身体的な拘束、外的な規則や規制による禁止、そして「これをやってはいけない」という心の中の「思い込み」であった。たとえば、Iが親の言いつけには従わないという選択もできる、と言った時、ある生徒が彼の矛盾を突こうとして言った言葉―Iはゲームが大好きなのだが、あるとき、親からゲームを禁止されているからと言ってゲームに参加しなかったことがある。これは、Iの中に「親の言いつけは守らなければならないという「思い込み」があったからではないか―は、その時Iは、は「思い込み」に支配されていて、自由ではなかったのではないか、というのである。これに対するIの応答はすでにみたとおりである。彼は親の言いつけは守らなければならないという思いこみに従ったのではなく、今回は親の言いつけを守っておいた方が自分にとって良いと思って、そっちを選んだのだ。ルールに背くことも、従うことも、どちらも自分でそれが良いと思ってするのだから、「思い込み」に支配されているわけではない。つまりIは、言いつけ（ルール）という自分の外からの強制に従ったわけでも、また、「ルールには従うべきだ」という自分の中の思い込みに従ったわけでもなく、ちゃんと自分でそれが自分にとって良いかどうかを判断して選んでいるのである。これが自由でなくて何であろうか。すなわち不自由ではない。

しかし、Fは「自分でそれが自分にとって良いと思う」ということ自体が「思い込み」だ、と言い、それが不自由だという。それなら、思い込みでないものとは何なのか。Fには、ここから先を説明することはできないようだ。しかし、Fの「思い込みが人を不自由にする」という言葉は、子どもたちの中に、MやIの自由・不自由とは違うもう一つの自由・不自由を考える契機を生み出したようであった。Fの言うことはよくわからない、でも、もっとそれについて考えたい、と多くの子どもたちはふりかえりの中で書いている。中でも、対話の翌日に書かれたというKの日記には、この問題を受け止め、自分の中で展開してみた思考が記されていて興味深い。

良いと思うことと、良いとは何かを考えること

「私たちはいつもやって良いことだけをやっていると思っていて、やって良いことだけをやりたいと思っているが、私たちにすべての良い悪いがわかるのでしょうか。やって良いことと思う人はいるが、「やって良いことは何か」と考える人はあまりいないと思います。なら、わかる前

の問題ですね。「自分はやって良いことをやっている」という思い込みが、その良い悪いを見ることも考えることもできなくします。つまり、目の前の「○○したい」という欲をかなえて自由なような気がして、実は不自由が発生していたのです。」

これもまた、なんとも分かりにくい文章であるが、私なりに読み解いて見ると、ここでは、「やって良いことと思う」と、「やって良いことは何かと考える」という二つのことが区別されているように思われる。ある事柄を、やって良いと「思う」ことと、良いこととは何かを「考える」というのは違う。たいていの人は、MやIのように、「やって良いと思って」いるのだが、良いこととは何か、良い悪いとは何かを「考える」人はあまりいない、とKは言っているのだ。そして、「考える」ことをせずに、ただ、そのときそのとき目の前のことを、良いと思ってやっているのは、実は、それをしたいという自分の欲求に従っているだけであり、そこには不自由が発生するとKは言っている。

目の前の欲求に従うことが、自由のように見えて本当は不自由だ、というのはなぜか。私なりに言葉を補って考えてみると、おそらくそれは、「考える」という過程を経ていない欲求は、実は、本当にその人にとって良いことを示してはくれない、ということなのではないだろうか。つまり、そのこと自体の良い・悪いを「考える」ことをせずに、ただ、自分にとって良い・悪いと「思う」だけでは、それが良いことなのかどうかも、また、それが自分にとって本当に良いことなのかも分からない。分からないままに、「分かる前の」状態で、ただ「良いという思い込み」

A5 判上製 180 頁　本体 3000 円
ISBN978-4-326-60332-9

1月の重版

思考力改善ドリル
批判的思考から科学的思考へ
植原 亮

クイズ感覚で問題を解いてクリティカル・シンキングの力を養い、科学リテラシーがぐんぐん身につく！ 考える力を磨くための27章。

A5 判並製 216 頁　本体 2000 円
ISBN978-4-326-10285-3　1 版 4 刷

ヨーロッパの世俗と宗教
近世から現代まで
伊達聖伸 編著

近世から現代にいたる時期のヨーロッパにおける世俗と宗教の関係を、政教関係の構造的変容を中心として、総合的かつ多角的に論じる。

A5 判上製 344 頁　本体 4500 円
ISBN978-4-326-10286-0　1 版 2 刷

グリーフケア入門
悲嘆のさなかにある人を支える
髙木慶子 編著
上智大学グリーフケア研究所 制作協力

愛する家族や親しい友人など、大切な人の喪失によるどうしようもないほどの悲嘆。そのような事態を支え癒すために大切なこととは。

四六判上製 232 頁　本体 2400 円
ISBN978-4-326-29900-3　1 版 7 刷

法的人間 ホモ・ジュリディクス
法の人類学的機能
アラン・シュピオ 著
橋本一径・嵩 さやか 訳

法とは西洋の〈宗教〉である。フランスが誇る労働法の世界的権威アラン・シュピオが語る、法の人類学的機能とは何か。待望の初邦訳。

四六判上製 360 頁　本体 3800 円
ISBN978-4-326-45112-8　1 版 2 刷

日常に侵入する自己啓発
生き方・手帳術・片づけ
牧野智和

近年活況を呈する自己啓発書は、私たちの日常生活をどう変容させ、どのような生き方へ誘おうとするのか。社会学の観点から考える。

四六判上製 352 頁　本体 2900 円
ISBN978-4-326-65393-5　1 版 4 刷

現代メディア・イベント論
パブリック・ビューイングからゲーム実況まで
飯田 豊・立石祥子 編著

マス・コミュニケーションの祝祭から、情報メディアが多重的に媒介する〈生〉の集合体験へ。グローバル時代におけるイベントの諸相。

四六判上製 288 頁　本体 3000 円
ISBN978-4-326-65410-9　1 版 2 刷

で選択しているところに自由はない、それが不自由である、とKは考えているのではないだろうか。逆に言えば、良いこととは何か、悪いこととは何かを考える過程を通して、人は、本当に自分にとって良いこと＝自分が本当にやりたいことが分かる。その分かったことを選択して初めて、人は本当に自分自身に従った行動をしていることになり、それが自由ということだ。ここには、それ自体として良いことは、自分にとって本当に良いことでもあるはずだ、という前提が置かれている。そしてこの「良いこと」＝「自分にとって本当に良いこと」が何かを分かるためには、それをやるのが良いと「思う」のではなく、そのこと自体の良し悪しを「考える」ことが必要なのだ。Fの「思い込みが人を不自由にする」という言葉を自分の中で咀嚼しつつ、Kはこんな風に考えていたのではないだろうか。

私たちに、すべての良い悪いがわかるのか？

このようにして、Kの言葉を、「思うこと」ではなく「考えること」こそが、人を不自由から解放し自由にするのだ、というふうに要約することは、しかしながら、本当にKの言いたいことを言い表しているのだろうか、とあらためて考えてみると、そうでもないような気もする。「てつがく」では、簡単に答えは出ない、ということを今までの「てつがく」の時間で経験してきているKは、たぶん、こういう要約には違和感を持つのではないだろうか。じっさい、Kは「思い込み」が人を不自由にする、とは書いているが、では何が人を自由にするのかは書いていない。

代わりにKはこう書いているのだ。「わたしたちにすべての良い悪いがわかるのでしょうか」と。考えることは大事である。けれど、考えれば必ずすべての良い・悪いがわかるのだろうか。私もそう問わずにいられない。

もう一度、あの映画の農民の場合を考えてみよう。彼は本当に良いことが何かを分かり、それが自分にとって本当に良いことだと確信して、それを選択したのだろうか。たしかにもしも彼が、自分ひとりであったなら、自分の肉体が生き残ることよりも、信念をつらぬくことの方が良いと考えることはわりあい容易だったかもしれない。しかし、彼には愛する妻と、まだ幼い子どもたちがいた。この者たちに襲いかかるだろう苦難（とりわけ、いまだ妻のような堅固な信仰に支えられることのない幼い子どもたちが出会うであろうそれ）のことを思う時、自分の選択が果たして本当に良いことなのか、彼は最後まで葛藤し続けたのではないだろうか。このことについて、彼は獄中で、考えに考え抜いたことだろうが、考えることは、彼に対して、本当に良いことは何かを教えてくれたとは思われない。ただ、彼がはっきりと確信していたことは、自分が不正だと思っているヒットラーに忠誠を誓うことは悪いことだ、ということだけだった。だから、兵役につく代わりに、病院で働くという代案を持ち出されても、それが忠誠書への署名を条件としている限り、彼にはどうしても受け入れることはできなかったのだ。何が良い選択なのかはわからなくても、不正に同意するのは悪いことであるということは、彼には最初から分かっていたようである。そして、その悪いことは、自分にとっても絶対的に悪いことであるということも。これは考える以前にいわば直感的に彼が感じたことであるようだ。このような感覚は、デカルトが「良き感覚 bon sens」と呼び、あるいは、英語では「共有された感覚 common sens（日本語では常識と訳されることが多い）」といわれるものに当たるかもしれない。それは感覚 sens なのであって、思考の産物ではない。それはむしろ思考の前提になるものなのである。だからこの物語は、むしろ、考えて良いことを選んだ男の物語であるというよりも、他のいかなる良いこと（家族の幸せを守ること）よりも、感覚で悪いと分かっていることを「しない」ことの方を選択した男の物語であるとも言えるのだ。

良い不自由

映画の中で主人公はこう言っている。「身体は拘束されていても、精神は自由だ」。たしかに彼は、獄中に閉じ込められ自由を奪われている中で、どこまでも自分の精神が良いとすることを貫いた。この精神の自由はいかなる力をもっても彼から奪われることはなかった。しかし、逆に言うこともできるのではないだろうか。「彼は、身体は自由であったが精神は不自由であった」と。最後に、兵士として戦う代わりに病院で働くことを総統への忠誠と共に誓うという書類を前にした時、彼の手は縛られていたわけでもなければ、誰かが手を押さえつけていたわけでもない。彼はペンを持ってそれに署名することもできたし、署名しないこともできた。いかなる強権と言えども、彼の署名を力づくで手に入れることはできなかったのだ。他方、彼は精神において自由であったと言えるだろうか。彼の心には、この書類に署名することは悪いことだ、そして、この悪いことをするのは、自分にとって悪いことだという絶対的な感覚（思い込み）があった。それは哲学的論理的思考の結果ではなく、それゆえ、おそらく彼の自由になるものではなかったのだ。彼の手は自由であったが、彼の精神には、署名する自由はなかった（不自由だった）。

このような精神的な自由・不自由と身体的な自由・不自由との関係について、子どもたちは「思い込み」と身体の「行動」との関係として考えている。子どもたちは、「精神を縛ることと、身体を縛ることは別である」と考えている。しかし興味深いのは、子どもたちはこの関係を、この映画の場合とは逆向きに考えていることである。映画では、身体を縛っても精神を縛ることはできない、と言っているのだが、子どもたちは逆に、精神を縛っても、身体の行動は縛れない、と言っているのである。これは子どもたちの思考が、「思い込み」という言葉からスタートしているためである。「思い込み」とはまさに、精神を縛ることである。そこでこうなる。「思い込みは、人の行動そのものをしばるものではない」。「思い込みがあっても、物理的にはそれに反する行動をとることができる」。「ルールは守らなければならないという思い込みがあっても、ルールを破って、犯罪を犯すことはできる」。たしかに、だから法を犯すものは絶えないのだろう。この映画の場合にあてはめて考えれば、どうなるだろうか。ヒットラーに忠誠を誓うことは悪いことだ、という確固たる「思い込み」があった。他方、ヒットラーの兵士として闘うことから逃れられるための妥協案（代わりに病院で働く）が提示されていたのだから、そして、彼の手足は縛られていなかったのだから、彼は、彼自身の「思い込み」に反して、忠誠書に署名することもできたはずなのだ。実際、あの時代に、彼と同じような境遇に置かれて、そのように行動した人もたくさんいただろう。しかし、彼の場合は、彼自身の「思い込み」の方が、署名するという身体的行動を彼に許さないほどに、圧倒的に勝っていたのだ。彼の場合は「思い込み」という精神的な縛り＝不自由が、署名することのできる身体的自由を凌駕していたのだ。彼は、思い込みに支配されて不自由だったのだ。

しかし、時には、良い思い込み、良い不自由というものもあるのではないだろうか、と考える子どももいた。「思い込みによる不自由は良い面もある。ルールに逆らえないという思い込みに反してルールを破った時の後ろめたさは、悪いな、やったらだめだなという気持ちで、これは良い不自由と言えるのではないか」。思い込みによる不自由には、それに反することをやってしまったら、ずっと後ろめたさを持ち続けなければならないだろう、と考えて、思い込みに従ってしまう、という不自由もあると言うのである。これをあの主人公に当てはめて考えてみると、もしも、彼が自分の「思い込み」に反して署名してしまったら、やはり彼も、自分は「悪いこと」「やったらだめなこと」をしたと、ずっと「後ろめたさ」を持ち続けたことだろう。このことを思うと、彼はどうしても自分の「思い込み」に反する行動をすることはできなかった、つまりは、不自由だったのだ。しかし、このような思い込みの不自由は、良い不自由とも言えるのではないだろうか。私にもそんな風に思われる。

子どもの「てつがく」

自由とは何か、から始まり、いや、問題とすべきはむしろ不自由の方だ、と進み、そして、いや不自由なんてない、という子ども現れたかと思うと、それが思い込みで、それこそ不自由だ、と反論する子どもが現れる。さらに、思い込みはたしかに精神を縛るけれど、体はそれに反した行動もできる、と精神の不自由と身体的不自由を区別する考え方が出てきて、思い込みの不自由には良い不自由もある、と言い出す子どももでてくる。ここに、「良いことと悪いこと」、「自分にとって良いことと悪いこと」、「良いと思うことと良いことは何かと考えること」が絡まり合い、子どもたちの自由をめぐる思考は、対話が終わった後もどこまでも続いて行きそうである。子どもの自由論は、なんて自由なんだろう、と私は驚嘆する。自由とは何か、と大人たちが問えば、私はこんな瞬間に自由だと感じる、という実感から始まり、どうすれば人はどんなときにも自由であり得るか、といった話に進むことが多い。「名もなき生涯」を見た人たちの感想には、苛酷な状況の中で精神の自由を守り抜いた主人公を称えるものが多い。大人たちの多くは、自由というものを、守ることのきわめて困難な、貴重で輝かしい美質としてとらえている。子どもたちはこうした自由観とは無縁である。子どもたちの議論に、あの映画を重ね合わせてみたのは、あくまでも大人である私が勝手にやって見たことであることは言うまでもない。

子どもたちは、自由・不自由という事象を、教室の中の石という物体を、あちこちから眺めたり、もしかしたらスクリーンに映った像かもしれない、いや、もしかしたらスポンジかもしれない、と疑い深く考えた子どもたちとほとんど同じようにして考えている。「自由」が「石」なみであるということ。それが小学生の自由論の特徴である。そこにあるのは、即物的な思考、とも言うべきものである。これは、小学生の「てつがく」が、幼年期の純粋な驚異の延長線上にあることと無縁ではない。それは、世界と世界にある「もの」それ自体とに、じかに向き合い、目を見張ってまじまじと見つめる子どもが発する驚異の問いである。しかし、幼い子どもの問いが、疑問符や感嘆符と共に空に放たれたまま、その子どものところに戻ってくることがないのに対して、「てつがく」は、この「物」それ自体に対する驚異の念を、どこまでも執拗に言葉＝ロゴス化しようとする。原初の驚異から出発し、それをロゴス化しようとする営み。これはアリストテレスが哲学の本質として語っていたことそのものである。石のような「自然の事物」と、自由のような社会的人間的事象の間の絶対的区別は、「てつがく」する子どもたちにとっては無縁であるように思われる。すでにみたように、石の存在であっても、人間的経験をぬきにしては語ることができないことに、子どもたちは気づいている。それなら、自由を、石のように扱い、考えられないわけがあろうか。

人生において、このような思考の自由さを維持できる期間というものは、あまり長くはないようだ。あと数年もすると、この子どもたちも、自由を守るべきもの、闘い取るべきもの、とまず考えるようになるかもしれない。それは、とりもなおさず、今は実感できない様々な不自由が周りから自分を押し潰しているのを切実に感じるようになるからだ。自由はもはや石のように扱うことはできなくなる。子どもたちは、その時、自分の実存を脅かすものとの真剣勝負のようにして、自由の問題と対峙しなければならなくなるだろう。「てつがく」で育まれた柔軟な思考の力と、思考することへの信頼感が、その時の子どもたちにとって、いくばくかの支えとなってくれることを願わずにいられない。

第六章　ロボットに心を持たせても良いか

新しい問い──「……とは何か」から「……しても良いか」へ

本章で扱う「ロボットに心を持たせても良いか」という問いは、今まで取り上げてきた問いとは問い方が違っている。今までの問いは、時間、地球、石、夢、自由と様々であったが、いずれも、「それは一体何なのか」という問いに収れんしていった。そこでは、宇宙に存在する様々な森羅万象について、それの何であるかが問われたのだが、こうした問いは、つねにさらなる問いを引き起こし、問いの先は常に開かれたままであった。しかし、今度の問いは、「これこれのことをしても良いのか」という問いである。「これこれのこと」をするのは、あるいは、しようとしているのは人間であり、それをしても良いかと問うているのももちろん人間である。これは、宇宙に存在する神羅万象の「物」についての問いとは、質的に異なる問いである。人間がしていること、あるいは、しようとしていることに対して、同じ人間が、それはしても良いのか悪いのか、と問う。こうした問いは、道徳的、倫理的、社会的、実践的な次元の問いであり、小学生の「てつがく」ではほとんど見られなかった問いであった。私たちは、前章において、自由との関係で、「自分にとってやって良いこと」とそれ自体において「良いこと」とはどう違うかといった議論を子どもたちが交わすのを見てきたが、今ここで問われているのは、「ロボットに心を持たせること」という具体的な事柄が、良いかどうかが問われているのだ。「ロボットに心を持たせる」という事柄は、長いことSFの世界で論じられ、昨今のテクノロジーの進歩によって現実のものとして迫ってきたおなじみの事例である。ロボット倫理学といった言葉まで普通に聞かれるようになった状況の中で、子どもたちもまた生きているのだ。この問いは、このことをあらためて私たちに実感させる。

しかし、実際の授業の流れを見ると、この問いは、必ずしも子どもたちが現代のテクノロジーについて疑問を発するところから始まったわけではない。この問いはむしろ、「心とは何だろう」という、今まで見てきたのと同様の、「……とは何か」の問いから派生した副次的な問いであった。「心とは何か」という原初的な「てつがく」の問いと、ロボットに人間並みの心を持たせようと今や科学者たちが追求してやまない現状への問いとが、子どもたちの中で素直に結びつき、そこから、心とロボットの双方についての新たな問いが立ち上がってくるさまが興味深い。その図柄を私なりにたどってみよう。

郵便はがき

恐縮ですが
切手をお貼
りください

112-0005

東京都文京区
水道二丁目一番一号

勁草書房
愛読者カード係行

(弊社へのご意見・ご要望などお知らせください)

・本カードをお送りいただいた方に「総合図書目録」をお送りいたします。
・HPを開いております。ご利用ください。http://www.keisoshobo.co.jp
・裏面の「書籍注文書」を弊社刊行図書のご注文にご利用ください。ご指定の書店様に至急お送り致します。書店様から入荷のご連絡を差し上げますので、連絡先(ご住所お電話番号)を明記してください。
・代金引換えの宅配便でお届けする方法もございます。代金は現品と引換えにお支払いください。送料は全国一律100円(ただし書籍代金の合計額(税込)が1,000円以上で無料)になります。別途手数料が一回のご注文につき一律200円かかります(2013年7月改訂)。

愛読者カード

15471-5　C1010

本書名　哲学から〈てつがく〉へ！

お名前《ふりがな》　　（　　歳）

ご職業

ご住所　〒　　お電話（　　）　－

本書を何でお知りになりましたか
書店店頭（　　書店）／新聞広告（　　新聞）
目録、書評、チラシ、HP、その他（　　）

本書についてご意見・ご感想をお聞かせください。なお、一部をHPをはじめ広告媒体に掲載させていただくことがございます。ご了承ください。

◇書籍注文書◇

最寄りご指定書店

市　町（区）

書店

（書名）	¥	（　　）	部
（書名）	¥	（　　）	部
（書名）	¥	（　　）	部
（書名）	¥	（　　）	部

※ご記入いただいた個人情報につきましては、弊社からお客様へのご案内以外には使用いたしません。詳しくは弊社HPのプライバシーポリシーをご覧ください。

前提の問い──「心とは何か」

始まりの問いは、心についての問いであった。哲学対話のテーマを募ったところ、このクラスの子どもたちの多くが「心」について考えたいと答えたのだった。「ロボットに心を持たせても良いか」という問いは、心についての様々な問いの中の一つとして提出されたものだった。この問いは、いわば応用問題のような問いであって、その前提には、まず「心」とは何だろうか、という問いがあったのだ。最初の時間に出された、心についての様々な問いを整理してみると、およそ次のように分類できる。

第一は、「心はどこにあるのか」という心のあり場所についての問い。人間の心は、人間の中のどこかにあるはずだが、それはどこなのだろう。まず心臓。心のことをハートとも言い、ハートのマークで表したりする。このことに気づいた子どもは、『心のマークはなぜハートが多いのか」と問うている。たしかに、心臓という器官を表す言葉は、心に、心臓の「臓」の字をつけたものである。英語ではそういう面倒なことをせずに、heart と言えば心であり心臓である。フランス語でも cœur という一つの言葉で心と心臓を表す。ちなみに、フランスの哲学者パスカルは、この cœur という言葉で、理性 raison とは異なる次元の人間の精神の働きを表現していて、それを日本語に訳すときは普通「心情」と訳している。しかし、戦前の日本の哲学者三木清の書いたものには、この語を、そのものずばり「心臓」と訳している箇所もある。(16) 心という時、人は洋の東西を問わず、体の真ん中で脈打っている心臓という器官を思ったのだろう。いろいろなところで目にするハートのマークは、そのことの徴に違いない。しかしまた、心は心臓そのものではない。そう考える子どもは「心と心臓の違いは何か」と問うている。

しかし、後の対話を見ると、心の在りかとして子どもたちは、心臓よりもむしろ「脳」の方を考えている。それはおそらく、心の働きが脳の働きと密接に関係しているように思われるからだろう。そこで第二の問いは、「心は何をする場所か」、あるいは「心があると何ができるのか」という心の働きについての問いになる。心臓の働きは血を全身に循環させることだと、六年生ともなれば子どもたちは知っている（「心臓は血を送っているだけ」）。それに対して脳の働きは、物を思ったり、考えたりすることである。こちらの方が心の働きとはるかに近い、と子どもたちは考えている。しかしまた、心の働きと脳の働きは、まったく同一と言えるのだろうか。違うような気もする。そこで「心と脳の違いは何か」という問いが立ち上がる。

心と脳の働きの違いは、もしかしたら、考えるという働きと、それとは微妙に違う「感情」とか「気持ち」との違いに関連しているのかもしれない。先に見たフランス語の cœur の「心情」という日本語訳は、ここら辺を汲んだ訳であろう。そこで、第三の問いは、「心とは感情なのか」、あるいは「心と気持ちは関係あるのか」である。

四番目。「死んでも心は残るのか」。これは心を「魂」と結びつけた問いだろうか。心は心臓や脳などの身体器官をその住処とするとしても、心臓や脳そのものではない。何かそれとは違うものだとしたら、身体が無くなってしまっても、その何かである心は残るのだろうか。

五番目。「相手の心は読めるのか」。ここで心は「相手の心」と限定されている。つまり自分の心ではなく、他人の心である。今目の前にいて話をしている「相手の心」、それを自分は「読めるのか」、つまり本当にわかることができるのか。これは後に対話の中で心を考えるときの重要なポイントになっている。

そして最後に、「ロボットに心を持たせてよいか」。今まであがった心に関するいろいろな問いの中で、この先取り上げたい対話のテーマとして一番多くの票を集めたのが、この問いであった。しかし、他の問いは捨てられたのではなく、ロボットと心をめぐる対話の中で、何度も取り上げられ、そしてそのたびに新しい深まりを見せたのだった。

心を持ったロボット――人工知能から人工意識へ

「ロボットに心を持たせても良いか」を問うならば、ロボットと心の双方について、まずそれは何か、を問わなければならないだろう。「心」については以上みたように、子どもたちはさまざまな角度から問い、そしてその問いが簡単に答えられるものではないと考えている。興味深い

(16) 三木清「パスカルにおける人間の研究　第三　愛の情念に関する説」『三木清全集一』岩波書店、一九六六年。

のは、ロボットそのものについては、子どもたちは、それが何であるかを問うことさえしていないということである。ロボットとは何かとあえて子どもたちに問いかけたときに得られたであろう言葉を、対話やノートから抜き出すと以下の数文に収まる。

ロボットとは「人間によってつくられたもの」である。
ロボットは「人間がプログラミングして動かしているもの」である
ロボットは「人間に役に立つように」、「人間の代わりに働いたり、作業したりするように組み立てられたもの」である。

今まで取り上げられてきた神羅万象は、いずれも、私たちに先立って、すでに、そしてつねに、存在しているものであり、ゆえに、私たちはそれが何なのか、何のためにあるのか、そもそも本当にそれはあるのか、と問わずにいられないのだった。しかしロボットは違う。ロボットは、人間が、人間のために作ったという、その出自が明確なものである。ロボットが人間によってつくられたものであるなら、それが何であるかは、作った人間が知っているはずであり、そこに「ロボットとは何か」という問いは存在しない。同じように、ロボットに心を与えようとしているのも人間自身なのだから、問いは、「ロボットには心があるか」ではなく、「ロボットに心を与えても良いか」となるのである。

この問いの特徴は、ゆえに、人間が作ったものではないもの――「心」――と、人間が作ったもの――ロボット――という、本来なら、交差しあうことのない別の次元に属する二つの「もの」との結びつきが問われているところにある。

「ロボットに心を持たせる取り組みは、いろいろあるけれど、ロボットに心を持たせると人間が支配されてしまうかも、という意見があるけれど、どうなんだろう？」

これが、この問いを出した子どもが、もう少し詳しく言い直した問いである。人工知能を搭載したロボット自体は、すでに子どもたちにはなじみである。囲碁やチェスで、ロボットが人間のプロに勝ったという話はもう珍しい話ではなくなっているし、人間と話をするロボットをどこかで見ている子どもも多いだろう。それだけでなく、今の子どもたちは、生まれた時から、人工知能搭載のさまざまな便利な道具に囲まれて生活している。人工知能は、子どもたちにとってもはや珍しいものではないのだ。しかし、ロボットに心を持たせるというのは、それの延長線上に、しかし、何かまったく新しい取り組みとして、今始まったばかりのものであるようだ。この子どもは、そこに新しい問いを見出しているのだ。それは、人工で作ることが可能になっている「知能」と、子どもたちが解きがたい謎と感じている「心」との関係についての問いを必然的にはらんでいる問いである。この子どもの問いによって、自分たちをひきつけてやまない「心とは何か」という問いは、より具体的でより切実な問いへと新しい段階に進むことができるだろう。多くの子どもたちはこのように予感したに違いない。だからこそ、教室でとりあげる対話のテーマとして、この問いに一番多くの手が上がったのだ。

この子どもがどこかで聞いた「ロボットに心を持たせる取り組み」とは、実際にはどのようなものなのか、ここで確認しておくことは、これからの子どもたちの対話を見ていくうえでも無駄ではないだろう。子どもが言う「ロボットに心を持たせる取り組み」とは、より正確に言えば、人工知能AIとは区別される、人工意識 Artificial Consciousness（AC）の研究を指していると思われる。この試みの背景には、「心」というものは二つの局面を持つという考え方がある。一つは、今まで「知能」と言われてきた側面で、端的に言えば、外界からの刺激を、情報として取り込み、解釈し、処理して、何らかの行動として外に出す、一連の働きである。この側面に関する研究は、現在、脳科学と結びついた人工知能の研究によって、飛躍的に研究が進んでおり、子どもたちも身近に感じているような状況を生み出している。「しかし、「心」のこうした側面のことは、現在人工知能の研究者の間では、しばしば心に関する「易しい問題 easy problem」と呼ばれている。ということは、心の問題には、もっとはるかに「難しい問題 hard problem」が残されている、ということである。それが「意識」の問題である。この場合、「意識」は、しばしば、「主観的経験」とか「内的経験」と言いかえられたりもしている。例えば、テグマークという人工知能の研究者は、人工知能搭載の自動運転車と、人間の運転者とを比較したわかりやすい例を持ち出して説明している。[17] 人間の運転手も同じように様々な情報を取り込んで処理しそれを運動として出力している。（この情報処理においては、いずれ、自動運転車の方が優秀になるだろうことは明らかであり、また、そうでなければ、自動運転車の意味はないだろう）。しかし、運転しているとき人は、周りの様々なものからうける様々な感覚を経験しているのだが、自動運転車はそもそも何かを経験しているのだろうか、と彼は問うている。これを具体的に言い直してみると、例えば、突然目の前に障害物が現れた時、両者ともそれを察知して避けるという行動をとるが、人間の場合には、「ハッとする」とか「ヒヤッとする」といった感じの経験が生じる。自動運転車にはこうした経験が生じているとは思われない。逆に言えば、こうした主観的経験がないからこそ、自動運転車の方がより優秀な運転手であると言えるのかもしれない。このような、当のその人間が感じている内的で、主観的な経験、それが意識である。このような意識は、情報処理を行う知能とは別のものであり、したがって、人工知能には持ち合わせないものである。人工意識の問題に大きなきっかけを与えたと言われるチャーマーズ(18)は、意識体験のカタログとして、こうした、視覚、聴覚、触覚、痛みなどの感覚的体験のほかに、心的イメージ、感情、そして自分という感覚などをあげている。

私たちは、夢に関する対話の中で、子どもたちが「意識」という言葉を使うのを見てきた。夢

(17) マックス・テグマーク『人工知能時代に人間であるということ LIFE 3.0』（水谷淳訳）紀伊國屋書店、二〇二〇年。
(18) デイヴィッド・J・チャーマーズ『意識する心—脳と精神の根本理論を求めて』林一訳、白揚社、二〇〇一年。

の中の自分も見たり、聞いたり、イメージを持ったり、感情を経験したり、そしておそらく自分という感覚も抱いている。だからチャーマーズの言う広い意味での意識は、夢の中でも経験される意識である。一方、子どもたちはそれとは違う意味で、意識的な行動というものを考えている。それは自分のやっていることを自分で分かっていて、それをコントロールする、という意味であった。そして、何よりも、夢から覚めた時に、ああ今自分は夢を見ていたんだ、ということが分かる、その心の働きを「意識」と考えていたのである。だから、動物も夢を見るかもしれないが、たぶん動物は夢から覚めて改めてあれは夢だったとか、あの夢は一体何だったんだろうとか考えることはないだろうし、ゆえに、夢の奇妙さ、不思議さに深くとらわれることもないだろう。このように、子どもたちが考えた「意識」は、今ロボット学者たちがロボットに持たせようとしている意識に比べると、より狭い、人間固有のものとしての意識であった。それはおそらく言葉と結びついたものであり、言葉で、お互いに、夢と現実の区別を確認しあう働きを不可欠な契機としているものであった。赤いリンゴを見て「赤い」と感じたり、針で刺されて「痛い」と感じる内的で主観的な経験は、それぞれの人間の中で生じる経験だから、他からは推察の域を出ない。例えば、以前の「石がある」というテーマをめぐる子どもたちの対話で見たように、二人の人間が同じ一つの石を見ていても、「この」石の経験は共有しえないものだった。しかし人間の場合はそれを、「灰色のこういう大きさの石」といった言葉を介して間接的に表現しあうことができる。

これに対して、人工意識ACとして言われる場合の意識は、もっと広い概念であり、まさに広く心（英語では、mindと表現されている）と呼ばれているものであり、実際、ACは人によって、人工の心と呼んでもいるようである。子どもたちが、今ここで問題にしているのも同じように、感覚、感情、イメージ、自分という感覚すべてを含む心である。いずれにせよ、「ロボットに心を持たせる」とは、知能だけでなく、このような「意識」も含めて、「心」全体を持たせる、ということである。今「知能」と呼んでいるものと「意識」あるいは「心」と呼んでいるものとは、言うまでもなく、密接に結びついている。両者は、はっきりと違うものでありつつ、しかし、単独に別々に働くものではない。この二つが結びついて心である。チャーマーズの浩瀚な書物は、この複雑な関係を「精神物理学的に」解き明かそうとしている。人工知能に比べれば、人工意識を作ることはきわめて難しい問題である。しかし意識もまた、自然界に存在する以上、その物理的な性格を研究することは可能だし、さらにそれを作ることも可能なはずだ、と考える科学者たちが今、人工意識を具えた、「心を持ったロボット」を作ろうと、新たな探究に向かっているわけである。

心を持つロボット――人間にやさしいロボット？

心を持つロボットというのはどういうロボットか。ある子どもは、まずは、同じロボットでも、どういう種類の、何のためのロボットかをまず区別しなきゃならない、と言う。「作業ロボットと人工知能は違う」から。さらに、人工知能でも「心を持つロボット」というのは、単にチェスや囲碁で超人的な能力を発揮するロボットとは違うのではないか。そもそも「心を持つロボット」を作ろうという試みは、「人間と同じレベルでロボットを作る」という試みなのだろう、と推測する子どもは、だったら当然人間と同じように心を持たせるべきだと言っている。今のロボットの中には、一つのことに特化した高度な能力を持つものはあるが、とても「人間と同じレベル」のものとは言えない。人間と同じレベルの、心を持ったロボットとは、具体的にどういうものが考えられるだろうか。

子どもたちがまず考えているのは、介護ロボットのようである。おそらく子どもたちは、「介護」という仕事が、複雑な計算をしたり、高度なゲームの規則を発見したり、あるいは、前もって与えられた情報を処理して効率よく行動をこなすような仕事とは、根本的に異なった仕事である、と考えているのだろう。だから、普通のロボットではなく、心を持ったロボットでなければならないと繰り返し言っているのだ。「介護ロボットなどには心を持たせてよいのでは？」「介護ロボットには心が必要」「介護ロボットに心を持たせたい」。この時子どもたちが「心」と言っているのは、おそらく、その時その時で変化する介護される人の状態や、心のありようを思いやり、その都度、その人が望んでいることを理解し、それにふさわしい適切な介護行為を行うことのできる力を指しているのだろう。例えば「話す相手などの介護ロボットは必要だと思う」、とある子どもが述べているように、介護という行為には、単に適切な身体的介護といったもの以上のもの、人間同士の、人間的なコミュニケーションというものも含まれる。介護には、今までの人工知能とは質的に異なる「心を持ったロボット」が必要なのだ。

この考えはかなり多くの子どもたちに共有されていたようだが、一人、それに対して、ロボットは家族じゃないんだから心はいらない、という子どもがいた。これはどういうことを言おうとしているのだろうか。心のこもった、きめ細やかな介護は、家族にしかできない、と言っているのだろうか。だから介護ロボットは、機械的なマニュアル通りの介護をすれば良いと言っているのだろうか。そうではなさそうに思われる。問題は、「心」という言葉にあるのだろう。介護される人に対してその家族が抱く「心」とは何だろうか。そこには、元気だったころのその人のことを思い、今衰えて人の世話を受けている姿に切なさを感じつつ、これからも何とか少しでも楽しい時間を持ってもらいたいと願う思いなど、様々な思いが交差し、それらをひっくるめて、「家族」の「心」があるのだろう。このような「心」は、介護ロボットに必要だろうか、あるいは可能だろうか。そもそも、ロボットにしてほしいのは、目の前にいるその当事者の表情やふるまいなどを細かく観察し、その人が今どんな状態で、どうしてもらうのをいちばん望んでいるかを理解し、それに応じた適切な介護を行うことだろう。この子どもは、おそらくこれは、心を持っていなくても、高度な汎用型人工知能ロボットにも可能な行動だと考えているのではないだろうか。心を持たなくても、きめ細かで心のこもった介護はできる。ロボットにとって大事なのは、優しい心ではなくて、有能さである。有能さが、心のこもった介護を生み出すのだ。それ以上のものをロボットに求めることは、そもそも無意味であるし必要ない、そう言いたいのではないだろうか。そう考えると、介護ロボットに心が必要だと言っている子どもも、必要ないと言っているこの子どもも、基本的には大きな違いはないと言えるのかもしれない。この問題は、後に、心と感情と行動の関係についての対話の中で本格的に議論されることになる。

もしも仮に、ロボットが人間に対する「やさしさ」を持つようになったら、人間の方も「ロボットに本当に心があるように感じてしまうかもしれない」と、別の子どもは書いている。ロボットの「やさしい」行動を見ると、人間は、ロボットに本当に心があるように「感じてしまうかもしれない」。ということは、心があるかどうかわからないロボットの「やさしさ」は、人間とロボットとの間に、人間同士のそれに似た、疑似的な関係を作り出すかもしれない。人間とロボットとの間のやさしい関係。これを未来のロボット社会が実現するユートピアとみるか、不気味な世界とみるか。ある子どもは、ずばりと、「ロボットがやさしさなど持つようになったら、世の中狂うと思います」と表現している。別の子どもも、ロボットが人間並みの心を持ったら、そこは「ロボットの世界になって、人間は何もしなくなり、人間が壊れてしまうかもしれない」と書いている。

道徳的な心を持ったロボット?

人間にやさしくするロボットのほかに、子どもたちが心を持ったロボットとして考えているのは、道徳心を持ったロボットである。「ロボットに心を持たせてよいか」という問いを出した子どもは、自分では「道徳とかは持たせてよいと思う」と答えている。持たせてよい心は、「道徳と明るい感情」と別の子どもも書いている。道徳的な心、というのを、この子どもは例をあげて次のように書いている。「道徳があるなら、悪いことはしないし、大金持ちに、アマゾンの森林をすべて切れと言われても断るなど、打算的でないように判断ができるから」。この例は興味深い。道徳的な心を持つロボットなら、大金持ち（ロボットの主人？）から、金もうけのためにアマゾンの森林をすべて伐採するように言われても、それは道徳的に悪い行為だと判断して、あえて主人の命令に従わないだろう、と言うのである。私たちは、前章で、「自分にとって良いこと」と「本当に良いこと」との区別をめぐって子どもたちが紛糾するのを見た。同じようなことが、ここではロボットの行動として出てきている。アマゾンの森林を丸裸にすることは、それを命じた主人にとっては、大きな利益を上げるので「良いこと」であるが、人類にとっては、地球環境の深刻な破壊につながる「悪いこと」、つまり人間に害を与える行為である。一人の大金持ちと人類全体、どちらも「人間」なのだが、前者よりも後者を選択するのが道徳的な心である。人間ならば当然このように判断して行動するのだから、人間と同じレベルのロボット＝心を持ったロボットもそのように行動するだろう、というのである。

あるいは、心を持ったロボットなら、「人間を見てどういうことが良いのか悪いのか見分けられるようになるのではないか」と考える子どももいる。心を持ったロボットは、ちょうど小さな子どもがまわりの大人たちのやることを見て真似しながら覚えていくように、人間をまねしながら、善悪を学んでいくことができるかもしれない、というのである。

しかし、逆を考える子どももいる。「心を持たせると、人をまねしてしまうと思う。そうすると、人を殺したりするようになるから、（心を）持たせてはいけない」。あるいは、「人間も殺し合いをしているから、ロボットも人間を殺してしまうかもしれない」。たしかに、世界のいたるところで、人は互いに殺し、殺されをくりかえしている……。ロボットに道徳的な心を持たせることができるほど、それほど人間自身が完全な存在ではない、ということだ。そもそも現に、アマゾンの森林を破壊することは人類にとって致命的な害を及ぼすということを知っていながら、自分の利益のためならそれをやろうという人間は後を絶たないし、ほとんどの人間は、こうした人間がもたらす便利さや快適さをだまって享受しているのだから。これは、ロボットに心を与えて良いかどうかという問題以前である。ロボットに心を与えようというのなら、まず、人間がどのような心を持っているのかを考えなければならないのではないだろうか。子どもたちの対話は、こういうことに気づかせてくれる。

ロボットの心――感情と行動

いずれにしても、もしもロボットに心を持たせるとしたら、できればよい心だけ持たせたい、と子どもたちは考えている。ここでもう一度、子どもたちがロボットに持たせても良いと考えた、良い心とはどんなものだったかふり返って見たい。介護ロボットがやさしく介護しているとき、そのロボットの心がどんなものなのかは実は、外からは判然としない。介護する相手のことがとても好きだと思っていたり、介護することを楽しいとか嬉しいとか思っていたりするから、優しく介護しているのか、それとも、状況から判断してそれが適切だと分かっているからそうしているだけなのか。アマゾンの森林を切り倒すことを拒否するロボットにしても、自分が良いことをしていると喜びを感じているのか、単に、拒否することが道理にかなっていると判断しているからなのか。これらのケースでは、実はロボットの心は問題になっていないのであり、ロボットの判断の正しさと、その判断に基づいた行動が問題なのだ。言いかえれば、ロボットがどう感じているのか、ということはどうでも良いことなのだ。

心と感情と行動をめぐる子どもたちの一連の対話は、このことと関連しているように思われる。ロボットに心を持たせるかどうかは、二次的な問題だ、と考える子どもは、次のように言っている。「行動を持たせたうえでの心だから」。ロボットに関して、重要なのは、ロボットがどのように行動するか、ということであって、ロボットの心ではない。行動を抜きにしてロボットの心を問題にすることは無意味である。あるいは、ある子どもは、心と行動との間に感情を挿入して、次のように言っている。「心を示すために感情がある」、そして、「感情は行動に出さないと、持っていても意味がないと思う」。こうして、心―感情―行動という三つの項が考えられる。そして、心にしろ感情にしろ、それが行動として外に表現されなければ、あるかどうかも分からないし、持っていても意味がない、というのである。そこで結論は、ロボットに「心があってもなくても区別なんてない」ということになる。たしかに、介護ロボットが、世話する相手に対してとても優しい感情を持っていたとしても、何もしてくれなかったら、それはなんにもならないし、たとえ、優しく介護してくれても、そもそもロボットがやさしい感情を持っているかどうかは分からない。だから、そういう感情は持っていても持っていなくてもどちらでも良いとも言えるのだ。喜びややさしさといった良い感情を持っていなくても、ロボットは良いことをすることができるのだ。

「心があってもなくても区別なんてない」という子どもの言葉は、意識の問題を心に関する「難しい問題 hard problem」と呼んだ、チャーマーズが使っている「哲学的ゾンビ」という、ちょっとぞっとさせられる言葉を思い出させる。これはホラー映画とは何の関係もない、純粋に哲学的な思考実験である。外見も身体的構造もそして行動も、人間とまったく同じ存在でありながら、実は、意識は持っていない、そういう存在を考えてみる。それは人間と同じように、笑いもし怒りもし、いろいろな議論を交わし合いということもし、要するに、一緒にいても我々は彼と自分たちの違いについては、まったく気付かない。しかし、実は、彼の中には、あの、一瞬のハッとする感じや、リンゴの赤さの感じといったものは一切存在しない。彼は、複雑な刺激や、状況の微妙な変化を微細に識別し、それに応じた微妙な反応を行っているだけなのだ。これはちょうど、優しい心を持っているかのようにきめ細やかな介護をするロボットのようなものである。

ロボットには心があってもなくても区別はない、と言っている子どもたちは、チャーマーズの哲学的ゾンビと同じようなことを言っているのだ。

哲学的ゾンビと同様に、心を持たないロボットも、心遣いにあふれる行動をするし、また、道徳的な行動もする。例の、アマゾンの森林を切り倒してしまうことを拒否するロボットも、別に、道徳的な心を持たなくても、人類全体にとって良いことは何か計算してその計算に従って行動できればいいのである。高度な知能を持ったロボットなら、そうした計算もできるだろう。また、同じように子どもたちが心を持ったロボットがしそうなこととして心配している、「殺し合いをしている人間のまねをして人を殺したりするようになる」ということも、心というよりは、モデルを見て模倣をし、学習するという高度な知能の働きと言うこともできそうである。

そうすると、人工知能を持ったロボットと、人工の心を持ったロボットとの違いはどういうものになるのだろうか。こう考えた時、ロボットの怒りや恨みや不満といった感情について語っている子どもたちの言葉は、私に一つのヒントを与えてくれた。

ロボットの怒り

「ロボットが心や感情を持つのはとても危険だと思う。もし心があったとすると、人間が命令しても反抗したり、不満、ストレスがたまり、それが爆発して人間を襲ってきたりしたら大変だ」。ある子どもはこう言っている。あるいは別の子どもも、心を持ったロボットは、人間から命令されているうちに「ずるい、ふざけるな、自分だけえらそうに、と思うようになるかもしれない」。命令を与えられることがストレスになり、「人間のように自殺してしまう」かもしれない。逆に、「人間に対する復讐心がわいて（人間を）支配するようになるかもしれない」と心配している。

「心を示す」ものとして感情があり、感情の表現として行動があるのだが、逆に行動があるから感情があり心があるとは限らない。心があってもなくても関係なく、行動はありうる（優しい介護や道徳的な行為）、そう子どもたちは考えていたのだが、どうも、怒りとか不満とか嫉妬とかいう感情（これを子どもたちは「ネガティブな感情」とか、「心のダークな部分」などと呼んでいる）に関しては、そうとも言えないと子どもたちは考えているようである。例えば、ロボットが突然人間の言うことを聞かなくなったり、人間を攻撃してきたりすることがあるとしたら、それには二つの可能性が考えられるだろう。一つは、単純にロボットが壊れた、情報処理と出力のシステムが狂った、ということである。しかし、それがもしも「心を持ったロボット」であるならば、そうではなく、それは彼の心が生み出した、ロボットにとっては正当な行動であると考えられるだろう。心の表現である感情には、様々な感情があり、心を持ったロボットなら、怒りや恨みも含めて、すべての感情を持つはずである。ある子どもはそれを、「ダークなところも含めての心だから」と表現している。怒りや恨みのようなダークな感情は、どのような時に生じるだろうか。子どもたちは自分の経験上、それは、自分が不当に扱われているときだ、と考えている。いつもいつも命令ばかりされているロボットは、人間に対して、「ふざけるな、自分ばかりえらそうに」と不満を持つようになるだろう。その「ストレス」がたまったら、ロボットは、命令する当の相手にその不満をぶつけ、時には暴力的に攻撃を加えるだろう。これは、心を持っている自分の経験上、ごく容易に想像できることである。ところで、ロボットは、「人間に役に立つように作られたもの」であるから、このような行動は、ロボットに対して期待されている行動とは相反する行動である。心を持ったロボットとは、このように、その本来の目的とは反する行動ができてしまうロボットである、ということになる。これはまずい、と子どもたちは思っているのだろう。

子どもたちの中には、アシモフのSFから取られたロボット三原則というのを聞き知っている子どももいて、その第一原則、ロボットは人間に害を加えてはならない、というのを持ち出して、大丈夫、そんなことにはならない、と言っている。ちなみに、この原則の第二は、第一原則に反しない限りにおいて、ロボットは人間の言うことを聞かなければならない、であり、第三原則は、第一、第二の原則に反しない限りにおいてロボットは自分を守らなければならない、である。しかしこの原則は、ロボットが心を持っていないという前提でしか成り立たない。心というものが「ダークな部分も含めての心」だとしたら、心を持ったロボットが、第一と第二の原則をすっ飛ばして、第三の原則に従うということが出てくるのは当然である。奴隷制度が当たり前の社会では、普段は、奴隷の所有者は奴隷が心を持っているかどうかを気にすることはないだろう。奴隷が主人のどんな命令にも従順に従っているかぎり（つまり、ロボットで言えば第一と第二の原則に従っている限り）、奴隷がどんな心をもってそうしているのか、などということは主人にとって問題ではない。「ずるい、ふざけるな、自分だけえらそうに！」と怒りに燃えた奴隷たちが反乱を起こし、自分たちに刃向かってきて初めて、主人は、奴隷も心を持っていたのだと気づくのだ。同じことがロボットにも言える。ロボットが、人間に都合の良いことだけをしている間は、ロボットが「心を持っていてもいなくても区別なんてない」のだが、ロボットが反抗して人間を襲ってきて初めて、人間は、ロボットに心があるということがどういう事態を意味するのか、身にしみてわかるのである。そうなってからでは遅い。だからやっぱり、ロボットに心を持たせるのはとても危険だ、こんな風に子どもたちは考えているのだ。

「自分」の中にある「心」

ロボットの心について考える子どもたちが、ロボットの喜びよりもロボットの怒りの方を強調しているのは、私には興味深く感じられる。子どもたちは、自分という存在が否定された時にわき起こる怒りや不満、あるいは、ストレスといった感情の中にこそ、心というものの一層具体的でリアルな働きを見出しているのだ。このことを拡大していくと、心とは、自分という存在と深く結びついていると考えることができる。ロボット三原則は、自分という存在をいちばん最後に考えるように、ロボットに命じている。しかし、心というものが自分とぴったりと結びついているものだとしたら、心を持つ存在はそもそも自分を三番目にすることなどできない。そうすることができるロボットは、どんなに高度な知能を持っているとしても、心は持っていないロボットだということになる。

子どもたちの対話は、最後はロボットから離れて心とは何かという問いに再び戻って行っているのだが、そのとき、「自分」という言葉が重要なキーワードになってくるのである。

「心というのは考えることとは違う。心は大まかに自分の野生の本能的な感応から生まれているように思う」。

対話の真ん中ころに出てくるこの発言は、心の働きを「考えること」と区別し、むしろ「大まかな野生の本能」から来るものとしており、それを「自分の」という言葉で限定している。「考えること」という言葉で、おそらく彼は、知能のことを言っているのだろう。人工的に作られた知能はすでに存在しており、その働きは精妙で複雑で正確なものである。しかし、心は（人工知能学者たちの言葉で言えば意識は）、それとは違って、「大まか」で、「野生的な本能」に近いものである。たしかに、意識の最も基本的な構成要素としてチャーマーズがあげている、リンゴが「赤い」という感じ、針で刺されて「痛い」という感じは、少しも複雑なものでも高度なものでもなく、むしろ、おそらく動物も感じているだろう「野生」的なものである。そしてそれを感じているのは、他の誰でもなく、この「自分」である。

前節でみたように、子どもたちには、意識＝心の基本的な要素として、「赤い」という「感じ」よりも、「ストレス」という「感じ」や、「怒り」の感情のほうに関心を寄せている。それはたぶん、これらの方が、リンゴが「赤い」という「感じ」よりも、自分という存在に直接むすびついた「感じ」だからだろう。別の子どももまた、「心は自分の中にある」と言っている。心は、何よりも「自分の中」にある。それはおそらく対話に参加しているどの子どもにとっても、はっきりとしていることなのではないだろうか。「心」というものが何であるかを説明したり、心を持ったロボットがどんなものであるかを知ることは難しいが、自分の中に心がある、ということだけは、誰もがはっきり分かっている。「自分の心」があること、自分の心が何かを感じていることは、誰も分かっている。これ以上確実な事実はない。しかし、心はあくまでも「自分の中」にあるので、それを外に出して、「これ」と示すことはできない。おそらく、他の人の「自分の中」にもやはり心はあるのだろうけれど、やはり、それを「これ」といって差し出してもらうことはできない。他の人の心は、他の人になって見ないと分からない。心についての最初の対話の時間で、「他人の心は読めるのか」と問うていた子どもが抱いていた疑問は、たぶんこのことを指していたのではないだろうか。自分以外の他の人、たとえ最も親しい身近な人であっても、その人の「自分」の中にある心がどんなものか、その人になって見たことのない私にわかることができるのだろうか。その人の「自分」の中がどうなっているのかは、その人にしか分からないのに。

この分からなさは、他の動物に関していっそう言える。『コウモリであるとはどういうことか』

という本は、コウモリであるという感じは、コウモリになって見ないと決してわからない、ということを具体的に論じた本である。この分からなさは、もちろん、コウモリにだけではなく、他の人間にも当てはまるのだが、それにもかかわらず、私たちは、コウモリのことは分からないけれど、人間同士のことは（ある程度）分かる、という前提で暮らしているのだ。あるいは、一緒に暮らしている大好きな犬のことは分かると思っている人もいる。もしかしてコウモリだって、日ごろコウモリに親しんでいて、そう思っている人がいるかもしれない。自分以外の他者の「心」の存在というのは、考えてみるととても不思議なものである。「他人の心は読めるのか」と問うた子どもは、この不思議さに打たれ、なって見たことのない他人の心は直接的に分かることはできない、と考えたに違いない。だから「分かる」と言わずに「読める」と言ったのだろう。他人の心を直接体験することができない以上、私たちは、他人の表面に現れた様々な徴のうちにそれを読むことしかできない。コウモリや他の動物のことよりも人間の方がより「分かる」というのは、お互いに「人間」という同じ種に属していて、ゆえにおそらく同じような感覚を共有しており、さらに、言語というかなり精密で特殊な伝達手段を持っているために、外側に現れた徴を、他の動物に対してよりもいっそうよく「読む」ことができるからである。しかし、そうだとしても、本当に読めているかどうかは、どうやって分かるのか。『他人の心は読めるのか』。この問い

(19)　トマス・ネーゲル『コウモリであるとはどのようなことか』永井均訳、勁草書房、一九八九年。

に対しては、私としては、私たちは読めるという前提で暮らしている、と答えることしかできない。そしてこの前提を作り上げ、守り、そして壊していく、そして壊したうえでまた作り直していく、こうした一連の作業の中の一つとして、「哲学する」こともあるのではないだろうか。

再び、心はどこにあるのか

しかし、心は「自分の中」にあるとして、それでは、自分の中のどこにあるのだろうか。こうして子どもたちは、ロボットの心というテーマを経て、再び、最初の問いに戻ってくる。

やっぱり心は脳にある、それ以外のどこが考えられようか、と言う子どもがいる。「すべては脳でやっている」のだから、と。人工意識を作ろうという科学者たちも同様に考えているようである。「脳でやる」と言っているように、心も何かを「やる」ものである。その何かは、「考えること」であったり、「思うこと」であったりするが、とにかく心は能動的に何かをするものである。何かをするものだとしたら、それは具体的な器官によって担われていなければならないし、それは脳の外に考えられない。これが一つの考えである。

それに対して、心は一つの器官にあるのではなくて、「体のいろいろなところにまとわりついている」と言う子どもが出てきた。だって、「嫌なことがあるとお腹が痛くなることもあるし、体が反応するから」。これは、心身相関—心と体は深く関連している—という現象として古代から現代まで、さまざまに取り上げられてきた問題と関係しているように見える。心身相関医学という医学の一分野もあり、ここでは、心の在りかとしての脳と、その他の身体器官との間にどのような関係が成り立っているのか、この二つはどのような通路でつながっているのかを明らかにする研究が進められている。脳の働きととりわけ緊密に関係しているのが、腸であるとも言われているから、この子どもの経験は、まさに心身相関医学の対象であるとも言えそうである。しかし、当のこの子どもは、心が脳にあるという考え方に対する反論として、自分のこの経験を持ち出し、心は脳にあるのではなく、体のいろいろなところにまとわりつくようにしてある、と言っているのだ。嫌なことを嫌だなと「感じる」と同時に、この「感じ」と共に、お腹のあたりに痛いという「感じ」が生じる、こうした「感じ」が全体として「心」だと言うのである。

おそらく、あることを「嫌なこと」と思うのは、脳の働きだろう。ある事柄に直面して、それと関わる過去のことを思い出したり、連想を働かせたり、想像したりする働きがあって、始めて、それは「嫌なこと」として認識される。これは、「脳がやる」ことである。しかし脳が働く前に、あるいは脳が働いた後に生じる「嫌な感じ」というのは、お腹が痛いという「感じ」と同じで、この「感じ」こそが、科学者たちに言わせれば知能とは区別される意識の基本形であり、子どもの言葉で言えば「考えることとは違う心」なのだ。つまり、「嫌なこと」という認識と同時的に、「嫌な感じ」とお腹の「痛み」という感じが混然と生じる、そこに心がある。「反応する」という言葉は、「心は考えることとは違う。……本能的な感応から生じる」という先に引用した子どもが言う「感応」という言葉と似ているようだ。反応も感応も、自分から積極的に、感じようと思って感じるのではなく、何かによって、いやおうなく感じさせられてしまうことを意味する。「心は感じられることだ」とある子どもが言っているのは、そういうことなのではないだろうか。それが「心」だとすれば、心は自分から何かをするというよりは、何かに対して反応し、感応する、どちらかといえば受動的な働きであり、そしてそれは、体のあらゆるところに遍在するということになる。心が脳であるなら、あるいは少なくとも、脳から生まれるものなら、人工の脳を作ってロボットに搭載することができる。しかし、体中で感じるものであり、しかもその「感じ」は「自分」にしか本当のところ経験しようがないものだとしたら、こういう「心」を作ることなどできないのではないか。「心はパソコンにぶち込むことはできない」とある子どもは言い放っている。

　脳にあるのではなく、体中にあって、しかも自分の中にしか感じられないもの、こういうものは、はたして「ある」と言えるのだろうか。「そもそも心ってあるのかな?」と自問する子どもも出てくる。また、脳、という実在するものによって心を考えようとする子どもも、「ものを考えるのは脳だから、心は言葉としてあるだけで、存在しない」、「あるのは脳だけ」、「心は本当にはないのだと思う」と言っている。あるいは「心は架空の存在だ」と結論づけようとする子どももいる。「自分の中に」確かにあると思われる「心」はその時どうなるのだろうか。ここで例のごとく、「てつがく」の時間は時間切れを迎える。最初の時間に出た、心についての様々な問いは、相変わらず答えに行きつかないままである。しかし、ロボットという最新科学の産物と、心という大昔から問われ続けてきた形のないものとを結びつけて考えることによって、子どもたちは、チャーマーズが言うところの「難しい問題」に精いっぱい取り組んだのだった。子どもたちは将来いつか、人工知能をいかに進歩させるか、人工知能をいかに利用するか、という「やさしい問題」に、取り組まなければならなくなるにちがいない。そしてその時、この「やさしい問題」の背後には、「ロボットに心を持たせても良いか」あるいは、「ロボットに心を持たせることは可能か」、「そもそも心とは何か」、という「難しい問題」が存在していること、そして「やさしい問題」を解くときにも、この「難しい問題」は決して忘れてはならないのだということを、遠い日の「てつがく」の時間を思い出しながら、あらためて考えることになるかもしれない。

第七章　お金持ちは幸せか――どうしてお金はあるのか

お金持ちは不幸になる

四年生のある「てつがく」の時間で、「お金持ちは幸せか」というテーマの授業を参観したことがある。今まで取り上げてきたような、存在そのものの不思議さに迫るような問いとは違って、あまりに身近かな、いわば形而下的な、本書でとりあげるのはためらわれるようなテーマではある。しかし、その時子どもたちの対話を聞いていて感じた、虚をつかれたような、不思議な、なかなか腑に落ちることのできない感覚は、その後もずっと続いている。そこでは、「お金持ちは幸せか」と問われれば大体こんな展開になるだろう、というような展開はほとんどなかった。お金持ちは幸せかと問われれば、たいていは、幸せとは何か、という方向に話が行く。様々な幸せについて話が出て、それらの幸せが果たしてお金があれば手に入る幸せなのか、とあらためて問う、という流れになることが多い。ところが、子どもたちは、「お金持ち」の方にこだわる。お金持ちとはお金をたくさん持っている人のことだ、ところでお金は使えばなくなってしまう、お金持ちはいずれお金を使い果たして、お金が全然無くなってしまって不幸になる。だからお金持ちは不幸せだ。これが子どもたちから最後まで離れなかった考えなのである。もちろん、対話の合間には、お金で買えない幸せがある、とか、お金持ちは時に幸せだったり不幸せだったりするとかいった、普通の考えも出されたのだが、「お金持ちはやがて不幸になる」という大きな流れは変わることがなかった。これは一体何なのだろう。大金持ちから無一文になった人の話でも聞いて、子どもたちは強い印象を持っているのだろうか。いや、そうしたことを想像させるような言葉はどこにも出てこなかった。振り返って見ると、お金持ちと言われる人についての、何らかの具体的なイメージや実例については、一度も出てこなかったのだ。対話はもっぱら、お金持ちという存在の在り方そのものをめぐって展開していた。言ってみれば、子どもたちは、「石」の存在についてえんえんと対話を重ねた子どもたちと同じように、「お金持ち」という存在そのものについて一時間ずっと考えていたのである。これは、子どもたちが考えた、「お金持ち」の存在論であり、そして実は、「お金」というものの存在論なのだ。それにしても、どうしてお金持ちは不幸にならなければならないのか。子どもたちの対話に分け入りながら、私ももう一度考えてみることにしたい。

最初の問い―なぜお金が欲しいのか

ほかのクラスと同様に、このクラスでも、この授業に先立って、「てつがく」の時間に考えたい問いをいろいろと出し合っている。その一つが、「なぜお金が欲しいのか」という問いであり、一回目はまずこのテーマについての対話が行われたらしい。そして、あの流れはどうもここで決まってしまったようなのだ。つまり、初発の問いは、「幸せ」ではなく「お金」にあったのだ。この問いについては、端的に二つの答えが出されていたようである。一つは、お金が無いと生きていけないからという答えであり、もう一つは、人間にはお金が欲しくなってしまう習性があるから、というものである。

第一の、お金が無いと生きていけない、という考え方に対しては、いや、お金が無くても生きていけるという反論として、「自然のものをとって食べる（食べられる木から実を食べる）」という自然採取の生活の可能性があげられている。それに対しては、いやそれは無理だ、「自然のものには毒があるかもしれない」。さらに、「自然のものをとって食べていると、食べ尽くしてしまって、食べられるものがなくなってしまうかもしれない」と反論する子どももあり、それに対して、いや、「自然は無くなったりはしないから大丈夫だ」、という子どももいる。あるいは、取り過ぎないように、「必要最低限のものだけ取ればいい」、とか、「ただとって食べるだけでなく、食べた木の実の種を植える」、という農業のようなものを考える子どももいる。お金が無くても、「森の中で死ぬ気で頑張ったらなんとかなる」という子どももいる。たしかに、お金をほとんど必要とせずに、「森の中で」、工夫と知恵を凝らして生きている人々は、この地球上にわずかとは言えまだ存在している。

しかし他方で、自分たちの現実の生活を考えると、多くの子どもは「自然の力だけで生きていくのは大変だ」と考えずにいられないようである。「自給自足をする」としても、今の社会で農業をするには、「肥料や鎌が必要」で、「それを作る人は別にいて」、お金でそれを買わなければならない。つまりお金は、お互いが持っている必要なものを交換し合うための手段である。だから、「欲しいのは、お金ではなくて、それと交換で得られる物」である。お金は、「物々交換に代わる便利な手段」として作られた。ここまでは、一回目の対話で子どもたちが共有し合った前提であったようである。

しかしそれにもかかわらず、ある子どもはこの一回目の対話のふりかえりの中でこう書いている。「お金がないと生きていけないけど、どうしてと言われると何も言えない」。私たちは、お金がないと必要なものを手に入れることができないし、お金なしに生きていいくことはできない。でも、なぜそうなのか。自然の中で自然の力を借りて、それぞれが自分で作ったものや手に入れられたものを互いに物々交換しあって生きていく、そんな風にして、お金なしに生きていくことも、理屈の上では可能なはずである。そういう社会がかってあったし、今もわずかながら存在しているようである。それなのに、現に私たちは、お金なしには生きていけない社会に生きていて、そこから抜け出すことはできないみたいだ。どうしてなのか、あらためて自分に問うてみると、「何にも言えない」。たしかに、この問いに答えることは容易ではない。この問いに答えるためには、人類がたどってきた長い歴史が堆積してきた分厚い地層を一つずつはがし、人間と人間との関係、人間と物との関係、そしてそこに割り込んできたお金（貨幣）というわけのわからないものをその根源にまで戻して思考してみることが必要である。多くの哲学者や、歴史家や経済学者やその他もろもろのいろいろな学者たちが、この「どうして」について無数の本を書いている。それでも、結局言えることは、要するに人類はそんな風に歩んできたのだ、ということくらいである。「どうして」かは、当の人類自身も分かってはないのだ。

しかし、どうしてかはわからないが、今自分たちが生きている社会では、お金がないと私たちは生きていけない、それだけは確かだ。そう子どもたちは考えている。だから、お金が欲しいのだ。このように、子どもたちは、お金が「あれば」、あれこれのものが買えるとか、あれこれのことができるということよりもまずは、お金が「ないと」生きていけないという、絶対的な必要条件として、お金について考えている。

もう一つのお金が欲しい理由である、お金が欲しくなってしまう人間の習性についてはどうだろうか。こちらの方は、「お金がないと生きていけない」に比べると、あまり切実感のある議論は出てきていないようである。一人だけ、ふりかえりの中で、「お金が欲しくなるという習性に賛成」と書き、その理由として、「ディズニーランドのライトがほしかったけど、お金が足りなくなりそうで買えなかった。その時お金持ちならほしいものを買えると思ったから」と書いている子どもがいた。この言葉は、興味深い。この子どもが、お金持ちなら良かったのに、と思ったのは、ディズニーランドという現実離れした夢の空間の中で、いっそう夢をかり立てるきれいな「ライト」がほしい、と思った時のことだった。買おうと思ったけれど、お金が足りなくなりそうだったからやめた。お金が足りなくなる、というのは、もしかしたら、それを買ってしまうと、ご飯代や帰りの電車賃が足りなくなるということだったかもしれない。思いっきり夢の世界を楽しもうと思ったら、現実が足を引っ張ったわけである。ああ、お金持ちなら、こんな思いをしなくてもいいのに、お金が欲しい。そう思ったのだ。「お金が欲しくなってしまう習性」というのは、つまり、現実の必要性（お金がないと生きていけない）のレベルとは全然別のところに働く「習性」らしい。それが、ディズニーランドのような、ひたすら楽しさや喜びを求めてどこまでも行ける夢の世界の中で働く「習性」だとしたら、それには多分限界はないだろう。お金持ちというのは、現実の必要とは離れた、際限のない夢をお金の力でどんどん満たしていくことができる存在なのではないだろうか。つまり、お金持ちにとっては、お金とは、ないと生きていけないものではなくて、どんどん使ってほしいものを手に入れていくことのできるものなのだ。だから、お金があってもお金持ちはもっと、もっと、お金が欲しいと思う。そしてそれは、実は、お金持ちに限られるものではない、人間の「習性」なのだ。

こうして、第一回目の「なぜお金が欲しいのか」という対話で、お金というものの二つの特性がすでに明らかにされている。お金は一方では、それがなくては生きていけない、生存のぎりぎりの条件を支えるものである。他方で、お金は、人間の夢や欲望をどこまでも際限なく追いかけることを可能にするものでもある。この授業の最後で、子どもたちの間に、「お金持ちは最後は不幸せになる」という確固たる考えが生まれたのは、おそらく、お金の持つこの二つの特性が、お金持ちという存在の中でしっかりと結びついてしまったせいではないだろうか。「お金持ちは不幸せになる」というテーゼ（？）は、お金のという「もの」のとらえがたい不思議さから引き出されていたのである。

お金持ちの不幸せ

「なぜお金が欲しいのか」に続く対話では、お金と幸せの関係を考えることになり、「お金持ちは幸せか」というテーマが決まる。しかし前回の対話の最後に出てきた、「お金持ちは最後に不幸になる」という考えがしっかりと子どもたちをとらえてしまっていて、対話はこれをより具体的に展開する方向へと進んで行く。くりかえし出てきたのは、お金持ちは「最初はいっぱいお金があるから、いろんなものが買えて幸せ」だけれど、たくさんお金があると「いろんなものを買いすぎたり」、「どんどん使ってしまう」、お金持ちに子どもがいれば、その子どもがまた「どんどん買い始めて行って」、そうするとお金がどんどんなくなってしまい、「どんどん不幸になって行き」、「最後は、住む家も売らなければならなって、ホームレスとかそんな感じになってしまう」という流れだった。お金持ちが最終的に行きつく不幸として、「ホームレス」という言葉が数回対話の中に出てくる。この言葉の意味については、後に考えてみたい。とにかく、対話の中では、「どんどん使う」、「どんどん不幸になる」と「どんどん」という言葉が何度も何度もくりかえし出てくるのである。なんだか、お金持ちというのは、何かにつかれたように、「どんどん」お金を使ってしまい、そうやって、自分で「どんどん」不幸になって行く、そういう人種のようだ。というか、お金というものがそういう不思議な力を持っているように見える。

お金をたくさん持っていると、人はなぜか、どんどん使ってしまう。なぜだろう。その理由らしきものとして、子どもたちが言っているのはいくつかある。「お金持ちになると、人は欲張りになりやすい」。「お金に熱中し過ぎちゃう」。「お金持ちはほとんどの人がはしゃいでいるというか、たくさん持っていたらはしゃいで使ってしまう」。これは、前回に出た、「お金が欲しくなる習性」と関係があるのかもしれない。お金が欲しくなる習性というのは、必要性から離れてどんどんいろんなものが欲しくなる習性と一緒だとしたら、それを手に入れることができるお金をたくさん持っている人は、次々とほしいものが出てきて、次々と、どんどんと買っていくだろう。たくさんのお金は、ほしいものの限度をなくさせてしまう。それを子どもたちは、「どんどん」という言葉で表現しているように見える。「欲張り」とか「はしゃいでいる」とか「お金に熱中し過ぎ」という言葉も、同様のことを表現しているのではないだろうか。

もう一つ、お金持ちが「どんどん」お金を使う理由としてあげられているのが、「お金持ちの家は泥棒に狙われやすい」から、お金を守るために「ガードマンを何人も雇って、そういうのでお金がどんどんなくなっていって、逆に、お金がなくなるのを阻止しようとしてまたお金がなくなる」。「ガードマンを入れたりすると、人件費がかかる。大きな屋敷を建てる建設費や土地代、何か月に一回とかいろいろ払ったりしてなくなる。部屋を掃除する人とかを雇ってお金が減る」。つまり、お金持ちは持っているお金を守るために、どんどんお金を使わなければならない。さらには、お金持ちの生活を維持するためにも、どんどんお金を使わなければならない。なんだか、お金持ちは大変なのである。だから、「お金お金っていう風になってしまう」のだろう。ゆったりと生活を楽しんでいるというのからは遠いお金持ちのイメージである。

こうして、お金持ちは、どんどんお金を使って最後はお金がなくなって（お金持ちではなくなって、ホームレスみたいになって）不幸になるとしても、お金がある間は（つまりまだ「お金持ち」でいられる間は）、とにかく幸せなのではないだろうか。何でも欲しいものが手に入るのだから。いや、やっぱりそれでもお金持ちは不幸せだ、と子どもたちは言う。一つには、お金より「もっと大事なものがある」のに、お金持ちは「一番大切なことを忘れちゃうから不幸になる」という発言があった。この大切なものというのは「愛情的なもの」とか「人間的感性」と表現されている。だから、お金持ちでいられる間も必ずしも幸せではない。「お金で買えないものがあるっていうこと？」と確認する子どももいる。この点については、子どもたちとしても、取り立てて異論はなさそうであった。が、それ以上は、話は進まなかった。それはそうだろう、という感じである。子どもたちの関心は、あくまでも、お金持ちが欲しいものをどんどん買っていくということの方にある。そこで、欲しいものがどんどん買えるということは本当に幸せか、ということが問われることになる。そして、いや、たぶん幸せではない、と子どもは考える。なぜなら、どんどん買っていくと「最後には、つまらなくなっちゃうんですよ。ほしいものを全部手に入れちゃって、何も買えないし、デパートとかに行ってもまったくつまらない」。何でも手に入れてしまうと、ほしいものが無くなってしまう。だから「何買っても意味ないし」「つまんないから不幸」だ、と言うのである。何でも持っていると、「もう楽しみがなくなってしまう」。これは子どもたちが、お金持ちという存在について、どこまでも思考をして見たうえでの結論であって、もちろん実感ではない。「みんなはその経験分かるの？」という教師の問いかけに、子どもたちは一斉に、「お金持ちじゃないからわからない」と答えている。ただ、自分たちの経験から、「何かを買おうという目的があって、それに向けて頑張る（お小遣いを少しずつ貯める）という楽しさ」は、わかっている。お金持ちはその楽しさとは無縁だろう。つまり、何かが欲しいという気持ちと、それが実現される間の時差のようなもの、それが、「楽しみ」なのだが、お金持ちにはその時差がない。欲望は即満たされてしまう。そして最後には、何もほしいものがなくなって、楽しみもなく、つまらなくなってしまう。これは、お金がなくなってしまうのと同じくらいに「不幸」なのではないだろうか。

こうして、お金持ちは、お金をどんどん使って全部なくしてしまっても、どんどん使ってそれでもまだお金がたくさんあっても、どちらの場合も不幸なのである。

お金がない不幸せ――ホームレスという不幸

お金が全然無くなってしまった不幸として、子どもたちが考えている唯一の具体的なイメージは、「ホームレス」という不幸である。お金持ちの不幸と同様、こちらの方も子どもたちにとっては、なったことがないからわからない不幸ではある。しかし、こちらの方は、お金持ちよりもずっと子どもたちにとって切実性が感じられているように見えるのは、おそらく、最初の一回目の対話で出てきた、「お金がないと生きていけない」ということを、最も具体的に子どもたちに示しているのが、ホームレスという状態だからであろう。ホームレスの人は、「生きていけない」わけではなく、生きているのだけれど、しかしその生きている状態は、生きているということを支える最も根源的なものを欠如したまま生きている状態のように子どもたちには見えているのだ。ホームレスの人、というのは、端的にホーム（家）が無い人のことである。そして、子どもたちの目には、家が無い、ということは、食べるものがない、着るものがないということ以上に、根源的な不幸であると映っているに違いない。家が無い――ホームレス――という状態についての具体的な話は、この対話では全く出てはこなかったのだが、ホームレスという言葉を使った時、子どもたちはおそらく、駅の構内や公園でみかけたことのある、あるいは、テレビの映像で見たことのある、段ボールで囲ったり、テントを張ったりして暮らしている人々のことを、思っていたことだろう。そして、自分が帰っていく家とこの人たちの段ボールやビニールの家を比べていただろう。子どもたちの家は、どんな形態の家であっても、一定の土地の上に立つ、しっかりとした壁と天井で仕切られ、しっかりとした入り口にはきちんとカギがかかる家であろう。そこにいれば、外の世界からよその人が勝手に入って来ることも、追い出されたりする心配もなく、安心してゆっくりと寝そべったり、遊んだり、食べたり、眠ったりすることができる。たとえ、いじめっ子に追いかけられても、とりあえず一歩家の中に入ってしまえば、安心である。それは「自分の家」であり、自分を守ってくれる頼もしい存在なのだ。ホームレスの人には、こういう自分を守ってくれる自分の家が無いのだ。これはおよそ生きているという状態の中で、もっとも不幸な状態だと子どもたちは考えたに違いない。

家という、生きていくうえで本質的なもの、自分たちにとっては当たり前に存在しているものを、この人たちが持っていない（もちろん、この中には家を所有すると言うことだけでなく、恒常的に住む権利を所有する—賃貸—ということも含めている）のは、この人たちにはそれを手に入れるお金がないからである。お金がないと生きていくうえで必要なものが何一つ手に入らない、ということをくっきりと示しているのが、この人たちの境遇である。子どもたちは、何でも手に入るお金持ちの対極に、こうした、人間の生活を根底から支える家のない人—ホームレス—を考えているのである。そして家が無い—ホームレス—という状態は、お金がないことに由来する。だから、お金がないということは、掛け値なしに不幸せだ、と子どもたちは言っているのだ。お金がなくても幸せはある、という甘い考えはそこに入り込む余地はない。子どもたちはお金持ちになったことがないのと同様、ホームレスにもなったことはないが、お金持ちの気持ちは分からなくても、ホームレス―家が無いこと―が不幸だ、ということは分っているのである。それはたぶん、家がある、ということの幸せを自分自身で具体的に知っているからにちがいない。

ここで子どもたちが考えているのは、もっぱらお金がなくては手に入らない家である。実際子どもたちが生きているこの社会では、家というものは、最も高額な商品の一つである。人はせっせと働いて、生涯にやっと一つか二つの家を「買う」。そのために銀行からお金を借りて、長い間ローンを支払い続けたりもする。あるいは、一定額の家賃を毎月払って借りなければならない。こういうお金がなければ、必然的に人は、家無し＝ホームレスにならなければならないのだ。自分で材木を切って来て、どこかの空き地に自分で、せまいながらも楽しい我が家を建てる、というわけにはいかないのである。ホームレスの人たちの生活を調べ、その「住まい」について丁寧な取材を続けた人の記録がある。[20] 正規の「家」はなくても、人は生きていく以上、どこかに住まなければならないから、ホームレスの人たちの多くは駅や地下道のような覆われた公共空間に、段ボールなどで簡単に作られた住まいに住んでいる。しかし中には、河川敷のようなオープンな空間に、かなりしっかりした家を作って住んでいる人もいる。ホームレスの人の中には、かって、

(20)　村田らむ「ホームレスの住居事情は一体どうなっているのか」toyokeizai.net/articles/_/285068

あるいは今も、建設現場で働いている人が多く、そういう人にとっては、家を作るのはお手の物らしい。拾ってきた廃材や、時には、ホームセンターで買ってきた材料を使って（ホームレスの人も、お金が全くゼロというわけではない）、実に上手につくられているものもある。しかし、悲しいかな、こういう家は、どんなに上手に作られていても、「我が家―ホーム」とはならない。社会がそう認めてくれないからである。少なくとも私たちがいるこの社会では、一片の土地と言えども、誰のものでもない土地はない。一見自然の場所に見える河川敷とてもそうである。ホームレスの人が技と工夫を凝らして作った家も、社会から見れば、不法建造物として、早晩撤去されるべきものであるにすぎないのだ。この社会で、「ここが私の家―マイ・ホーム―だ」と言えるためには、どうしても、ある程度のお金が必要なのだ。「金持ちは幸せか」、というテーマにこだわりながら、実は子どもたちが同時に考えているのは、お金がなければ生きていけないこの社会において、お金がないという状態とはどんな境遇を意味するのかということであったように思われる。このテーマはそれ自体として正面から論じられることはなかったが、実は、子どもたちの心をずっととらえていたのは、「お金持ちは幸せか」という表のテーマであったよりも、こちらの方だったのではないだろうか。このテーマは、議論の水面下に底流として流れ続けており、それが時おり水面以上に浮上するとき、「ホームレス」という言葉をとって現れたのではないだろうか。

「家」とは何か

子どもたちが、お金持ちの対極として、お金のない人を考えた時、そこに浮かび上がってきたのが、「家」という存在であった。しかし、そもそも「家」とは何かという問いは、この対話の中では展開されることがなかった。「家」というテーマはただ、お金との関係で浮上してきたにすぎない。お金との関係でとらえるならば、家とは、最も手に入れにくい商品である。食べ物や着るものなら、何とか格安なものを手に入れることも、時には、もらったりすることも可能だが、住むところとなると、買うことはもちろん、借りることであっても、まとまったお金が必要である。だから、お金持ちの対極として、「お金がなくて生きていけない」絶対的な不幸の象徴的な存在として、家のない人＝ホームレスという像が子どもたちの中にくっきりと結ばれたのだろう。今の日本の社会に生きている私たちにとって、お金との関係を抜きにして「家」のことを考えるのは難しい、ということを子どもたちの対話はあらためて浮かび上がらせているのだ。

こう考える時、私の脳裏には、別のクラスで展開された、「家」についての授業の光景が浮かんでくる。それは、今まで取り上げてきたような、もっぱら子どもたちの対話で進む「てつがく」とは異なるタイプの授業であり、身体的な活動や「作る」という行為が中心にすえられたものであった。同時にそこでは、子どもたちは、「お金」との切実な関係から解放された文脈のなかで、そもそも「家」とは何か、「住まう」とはどういうことかという本源的な問いに出会っていたのだった。この授業では、家がない（＝ホームレス）とはどういうことかという否定形ではなく、家に住まうということはどういうことかという肯定形の側面から家のイメージが描かれる。この二つの授業を突き合わせてみることで、子どもたちが考えている「家」というものと人間の生活、あるいは幸・不幸との関係を私なりに考えてみたい。

それは、三年生の「住まいに、なってみる」という研究授業である。この「住まいに、なってみる」という発想は、日本で始まった「けんちく体操」という、今では世界中でワークショップが行われている試みにヒントを得たものである。けんちく体操は、様々な建造物の実物や写真を見て、建物の外形から受けた印象を、自由に、直観的に、身体を使って造形するというものである。一人一人でやるものもあれば、大勢で一緒に協力して全体的な形を作り上げるものもある。このクラスでは、「からだ de けんちく」として、すでにこのけんちく体操を経験している。今回の「住まいに、なってみる」というのは、これの、いわば応用編、発展編でもあるようだ。前回同様に、スライドで映し出された様々な建物の写真を見て、それを、何人かのグループで協力して、体を使って造形してみるというものであるが、前回と違うのは、近代建築ではなくて、伝統的な「集落」の「家＝住まい」が取り上げられたという点である。「からだ de けんちく」は、教科としては図画工作科で行われており、建造物の視覚的な面白さを経験し、それを自分たちの身体で再現するという、アートのワークショップという性格が強かったようである。この時と比べると、今回の「てつがく」の時間では、体で表現するという要素はそのまま残しながら、テーマは「けんちく」から「住まい」へ、そして活動の焦点は「造形」から「なってみること」へと変わっている。

これは「家」というものを、単なる建造物としてではなく、この私の身体が住まうところとして、身体的な感覚でとらえようとする試みであった。授業者は、机のない広い空間を授業の場所として選び、まず最初に、「みんなで土になってみましょう」と呼びかけることから始めた。子どもたちは様々な「土になる」試みを始める。一人ピアノの下に座っている子どももいる。やがて自然にいくつかのグループに分かれたところで、教師は、床の上にみんなで寝そべってみるようにと誘う。参観者たちも一緒にそうすることを勧められた。私はその日、床に寝るにふさわしいとは思われない格好をしていたので、この勧めに従う勇気はなく立ったままでいたが、広い空間で全員が床に寝ている中で、一人立っているというのは、それはそれでなかなか勇気がいることではあった。授業者が子どもたちに体験してもらいたかった「土になってみる」という感じ。体から力を抜いてリラックスし、目を閉じて、自分が土の上に寝ているると想像することは、私のように服の汚れを気にすることのない子どもたちには、きっとずっと簡単にできることなのだろう。たいていの子どもたちは寝そべるのが好きだ。普段はきちんと椅子に座ったり、垂直に立ったりしていることを求められる学校で、遠慮なく寝そべっている子どもたちの顔は、リラックスした、いつもと違う表情をしていたように思われた。授業者は、こうすることで、自分の身体をこの大地の一部として感じ、大地と一体のものとして感じてもらいたかったのだと言う。「住まう」ということの根源を考えれば、たしかに私たちの住まいはこの大地、あるいは、前に取り上げた対話で言うところの「地球」である。そして、地球を俯瞰してみれば、そこには、様々な、生命あるものも、ないものも、その表面にへばりつくようにして存在している。私たちはそうしたものたちの一つにすぎず、私たちはそうしたものと一体のものである地球の一部である。ぺたんと大地の上に寝て上を見上げれば、そこには空が広がっており、その空は果てしない宇宙に繋がっている。私自身、地面に寝転ぶことは大好きで、子どものころから、そして今も、しょっちゅうやっている。広く開けた大地や草原（草っ原）があると、まず寝転んでみたくなる、これはもしかしたら人間の習性なのかもしれない。他の動物が多かれ少なかれ地面をいつも近くに感じながら生きているのに対して、直立歩行を習性として獲得した人間は、その延長上なのか、なるべく地面を離れようとでもするように、やたらと上へ上へと高い建物を造り続けてきた。古くはバベルの塔から、中世のゴシック建築、そして現代の都市に乱立する高層ビルまで。だからこそ、時々大地に平べったく横たわってみたくなるのかもしれない。住まう、ということを考えるためには、まずこうした垂直の感覚から、水平の感覚へ、土と共にあるという感覚へと戻ってみる必要があると授業者は考えたのかもしれない。

こういう経験をしたうえでスライドに移された伝統的な集落の家々を見てみると、たしかにこれらの家は、形は様々なだが、どれも土の上に、あるいは、この地球という星の表面に住まうために作られた家であるという感じがする。地上に建てられているというよりは、立っている、あるいは生えているとも感じられるこれらの建物。映像は最初から「これは家です、これも家です」と一枚ずつ紹介されていたから、子どもたちは初めからこれが家だということは分かっている。しかし、自分たちの考える家とはずいぶん違っていると感じていたことだろう。その一枚、ボリビアの円錐形の家（図2）を見て、子どもたちから声が上がった。「あ、靴がある！　中に人がいるんだ！」。たしかにこの家の出入り口の前には数足の靴が脱ぎ捨てられている。それは、子どもたちが普段はいているのと同じようなスニーカーのようである。この瞬間、この不思議な形をした建物は、自分たちと同じような人間たちが住まっている「家」なんだ、という実感を子どもたちは共有したように見えた。四角いマンションやきっちりと囲われた敷地に並んでいる自分たちの家と、土の上に直接ぽつんと立っている円錐形の家と、この二つが、同じ「家」、つまりは人が住まうところとして一気につながったのは、この無造作に脱ぎ捨てられた何足かのスニーカー（伝統的な昔の履物ではなく、スニーカーであるということが、この家がまぎれもなく現代の、自分たちと時代を共有する人たちの家であるということを示している）のためだった、ということに私はなぜか心を惹かれる。

これらの靴は、「これも家です」と先生から言われて、頭でそうかと当たり前のように思っていた生徒に、たしかに

図2　ボリビアの家

これは自分たちが住んでいる家と同じような家なんだ、と実感させてくれたのだった。だからその後の短い対話の中で、「ここで生活している人はどんな暮らしをしてると思う?」と聞かれたとき、子どもたちは「一般的な、……ふつうの、ご飯があって、みんなが普通にやってる暮らし」と答えたのではないだろうか。普通を疑うのも哲学なら、普通を再確認することも哲学である。家の形はさまざまであり、その家が置かれた場所や歴史によって、そこでの暮らしはさまざまである。子どもたちは、いろいろな時間に、いろいろな角度から、それについて学ぶ機会を持つことだろう。しかし、さまざまでありながら、人が家に住まう、ということの本質的な意味は実は単純でいくつかの言葉で言いつくせる。家とは、ご飯を食べて、寝るところである。動物の巣を考えてみれば確かにそうである。(多分そこにもう一つ重要な要素をつけ加えれば、そこは、子どもを産み、その子どもが巣立つまで養い守るところである。守られている当の子どもであるこの小学生たちには、そこまで思いが及ばないのは当然ではあろうが。)子どもたちが「家って何?」と問われる場面は、別の授業でも見られた。お米を収穫した後の藁(この学校では田んぼも作っている)で家を造るという一年生の授業の時のことである。学年もクラスも違っていたが、子どもたちの答えはほぼ同じだった。「ご飯を食べたり、遊んだり、お風呂に入ったり、そして寝るところ」。ありきたりで紋切り型の答えだろうか。そうではない。家とはそうしたものなのだ。だから、家を造るという作業の時、この二つのクラスの子どもたちは、ともかくも、何とか囲われた空間を作り、中に少なくとも一人の人間が入れるようにと苦心惨憺したのだった。一般に行われているようなけんちく体操なら、そういう配慮はいらない。外形の面白さだけを表現すればいいのだから。しかし、「土になってみる」から始められた「住まいに、なってみる」の授業では、そういうわけにはいかない。住まい＝家であるならば、外側の形以上に、そこに人が入れるということが大事なのだ。これは中々に難しい作業のようだった。家というものは、囲われて外から守られた内側の空間なしには考えられないのだ。そして人間は、外敵から身を守りながら洞穴の奥に暮らしていた時代から、ずっと、そんな家を持っていて、そこで安心して、食べて、寝てきたのだった。

なのに、文明が進んで昔の人が思いもつかないようなものまで、何でも手に入るようになった現代、この家を持つことのできない人がいる。お金というものが作られ、お金持ちという人が存在するようになって、はじめて、ホームレス（家が無い）という人は出現したのではないだろうか。お金とは何か、という問いと、家とは何かという問いが交差することがもしあったら、子どもたちはこんな風に考えたかもしれない。そして、ホームレスの人が寝ている場所は、決して暖かく包み込んでくれる大地ではなく、冷たいアスファルトやコンクリートであることにも思いがいたったかもしれない。その時には、床に寝そべってみるという経験は、また別の意味を持って立ち現れたかもしれない。

一般人とお金

こうして、「お金持ち」と「ホームレス」というのは、お金というものの本質を表す表と裏のような存在であり、いずれも子どもたちにとっては、日常的な経験からはかけ離れた、しかし、お金というものについて一生懸命に考えて到達した思考の産物であった。他方、実際に子どもたちが身の回りで見知っている大人たちは、お金持ちでもなく、ホームレスでもない。それを子どもたちは「一般人」という呼び名で呼んでいる。お金持ちはあり余るお金を持っていてそれをどんどん使って行く人だし、ホームレスの人は住むためのお金もない人である。それに対して、「あんまりお金がなくならないのは一般人」。「一般人というか、普通に学校とか来ている子どもを持っている親とかは、一回最初の方で家電とか買って、古くなったテレビとかは買い替えて、子どもがちゃんとした生活ができるように、良いお金の使い方を知っている」。まさに自分の親のような人たちは、お金持ちではないが、古いテレビを買い替えるくらいのお金には困らず、何よりも、家族が住むための家を維持していくだけのお金は持っている。かといって、どんどんお金を使ってしまうこともせず、だから、お金がなくなってしまうということもない。子どもにも、何でも好きなだけ買い与えたりせず、「テストで一〇〇点取らないとおもちゃを買わない」。こういう親を、けちんぼと思いながらも、「良いお金の使い方を知っている一般人」として子どもたちはちゃんと評価しているわけである。「良いお金の使い方」というのは、無制限に「どんどん」

使ってしまう使い方とは逆の使い方であり、いわば、日常生活の枠の中に上手に収まる使い方、ということであろう。

しかし、一般人といえども、この日常性を壊すようなお金が入ってきたら、あぶない。このことを、子どもたちは宝くじの例で考えている。何億円という宝くじが当たったらどうなるか。このことを子どもたちは、お金持ち、一般人、ホームレスの人と三種類の人間に当てはめて考えている。まず、お金持ちはどうか。「お金持ちは使い方に慣れているから、買いすぎて不幸になるということはない」。これはお金持ちはお金をどんどん使って不幸になる、というのとは反対の意見のようである。しかし、もともとたくさんお金があるところに宝くじでまた何億円か加わっても、大した変化はない、ということのようにも聞こえる。一般人の場合はどうか。いつもの普通に回っているお金とは別のお金が、それも大金が急に入ってきたら、「安心していっぱい買っちゃう」だろう、と子どもたちは考えている。さらにホームレスの人が一億円の宝くじが当たったら、普段との落差はさらに大きいから、きっと「爆買い」して「使ってしまうだろう」。つまり、宝くじで当たった何億円というのは、お金持ち以外にとっては、非日常的で扱い方が分からないものなのだ。

こういうアクシデントが起こらない限り、一般人の生活は、生きていくのに必要なお金が入っては出ていくという平穏な循環が保たれている生活だと子どもたちは考えているようである。子どもたちは、自分はこの平穏な循環の中で守られて生きていると感じているのだろう。しかし、この平穏な生活の両端には、自分が経験したことのない二つの深淵が存在している。想像できないくらいたくさんのお金を持っている人の世界と、住む家もないくらいお金がない人の世界と。子どもたちは、平穏な当たり前の世界の中から、この両端の世界を眺めている。自分たちがいる一般人の世界と、この両端の世界との間の関係がどうなっているのか、子どもたちにはわからない。お金持ちはどうしてお金持ちになったのか。「お金を稼ぐ」とか、「がんばる」とか、「それなりに何かした」のだろう、と言っているが、しかし、その何かとは何なのか。お金持ちがどうがんばったのかいまひとつよくわからないようである。そこのところはブラックボックスのままである。ホームレスの人はどうしてホームレスになったのか。子どもたちの理屈で言うと、お金持ちがどんどんお金を使った結果ホームレスになった、ということになるが、子どもたちは、文字通りそう考えているわけではなさそうである。すでにみたように、ホームレスという言葉は、お金というものがどんどん使えばなくなってしまうということの究極の形を表現した言葉にすぎない。しかし、実際にホームレスの人は存在している。その人たちはどのようにしてそうなったのか。そこには何かがあるはずだ。そこのところも子どもにとってはブラックボックスである。しかし、お金持ちもホームレスの人も両方とも、ブラックボックスのままに確かにに存在しているのである。

いよいよ時間切れが迫ってくる。「今思っていること、考えていることを文に書いてみよう」という教師の呼びかけに、「難しくて、文字にできないよー」という悲鳴のような声が上がる。

本当に難しい。子どもたちがずっと考えてきたのは、お金持ちの幸福論ではなくて、お金の存在論だったのだ、と、子どもたちの話を振り返って見た今、私にもわかる。対話の初めの方で、お金持ちはなぜ不幸になるのかと皆が熱くなって語っているときに、「そもそもお金って、どうしてあるんでしたっけ?」とのんびりと口をはさんだ子どもがいた。それは前にもう言ったじゃないか、とばかりに、他の子どもたちが口々に、「だから｜、物々交換じゃなくて、お金で交換するためじゃないの」と言っていた場面をもう一度思い出す。たしかに今更の発言ではあるけれど、結局子どもたちは、「お金って、どうしてあるのか」、を問い続けてきたのだ。ロボットと同様、お金も人間がそれを作ったからあるのだ。けれども、「どうして」と考え出すと、難しい。子どもたちはここでいわばお金についての「難しい問題 hard prcblem」にぶつかっているのだ。

「お金はなくては生きていけないものです。でもなぜと聞かれると何も言えません」。それでも、お金が全然ないことの不幸せは想像できる。だって、そういう人には、住まうところが、家がないんだから。これ以上の不幸せがあるだろうか。お金について考えるとき、それがもたらす幸福よりも、それがないことの不幸の方からアプローチすること、そして、どうしてお金がないと不幸にならなければならないのかを考えてみること。子どもたちのお金の存在論から、私はこういう思考の仕方を学んだのだった。

第八章　対話するってどういうこと？

「てつがく」の時間のさまざまな対話をふり返りながら、たくさんのことを考えてきた。そしていつも、世界は、私は、私たち人間は、すべての存在するものは、いったい「どうして」存在しているのだろう、という、はじまりの問いにもどって行った。まだまだたくさんの「てつがく」の時間があり、まだまだ取り上げたい対話はあるけれど、いつまでも続けているわけにはいかないので、ここらへんで終わりにしなければならない。最後に、「てつがく」の時間そのものについて、どうしてこの時間はあるのか、という問いが問われた対話について述べて終わりにしたい。

発言しないことは悪いことなのか？

「てつがく」というこの奇妙な時間にもだいぶなれてきたころ、五年生のあるクラスで、自分たちがやって来た対話についてふりかえる声が出てきた。どうもいつも発言する人は同じみたいだ、発言しない人たちは何を考えているのだろう、発言してもらうために、指名してはどうだろうか、という声が上がったのだ。発言しない人の側にも言い分はあった。「発言したいけど、話が早く進んでついていけない」「恥ずかしい」「同じ意見だから言わない方が良いと思って言わない」などなど。そもそも、発言しないことは悪いことなのか。「てつがく」では、無理に発言しなくても良い、黙って聞いているのものちゃんと参加していることだ、何よりもひとの話をちゃんと聞くことが大事だ、ということは、最初から教師の側から言われていて、そのことを子どもたちは知ってはいる。実際、今まで見てきたように、子どもたちが対話の終了後に書いた「ふりかえり」の中には、発言しなった子どもたちのきわめて興味深い思考の記録がたくさんあった。それで良いのだ、と私は思うのだが、当の一緒に対話をしている子どもたちは、そういうわけにいかないようである。やっぱり、何か考えていることがあったら、発言してほしいと思っているようだ。例えば、「同じ意見だから」言わないというのに対しては、同じ意見がくりかえされるからこそ考えが深まることができるという意見が出ている。子どもたちにとって対話というのは、同じ考えや、ちょっと違う考えや、大いに違う考えなど、いろいろな考え方を出し合って、テーマに近づいていく事であり、何も言わない人は、子どもたちから見て「壁の外に」いるみたいな感じがするようである。

「壁の外」という言葉からの連想なのか、次の対話の時間には、なぜたくさんの人が発言する

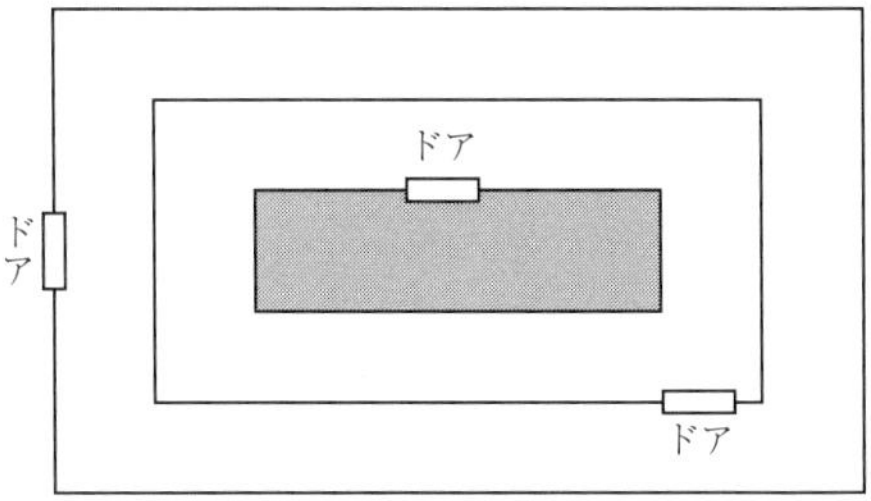

図3

必要があるのか、ということについて、ある子どもが図を描いて説明している（図3）。真ん中に到達したい場所があり、周りには何重かにわたる壁がめぐらされている。それぞれの壁には一つだけドアがついていて、カギがかかっている。それぞれの鍵穴に合う鍵はクラスの中の誰か一人しか持っていない。対話をするというのは、一つの壁にぶつかったら、そこを抜けるドアを見つけ、そのドアに合う鍵で開けて進んで行くと言うことである。その鍵は誰が持っているかわからないから、みんなでそれぞれ自分の持っている鍵を鍵穴に入れて見なくてはならない。誰かの鍵がぴったり合ってドアが開く。そうして進むとまた次の壁が現れる。この子どもはこんなふうに考えているようである。つまり、対話をしていくと、難しい問題（ドア）にぶつかる。そこで皆であれこれといろいろと話をする（いろんなカギを試す）。すると、誰かの言ったこと（誰かの鍵）がこの問題の解決を示してくれる（鍵が合う）。ああそうだったのか、と皆でドアを開けて先に進む。この誰かというのが誰になるのかは、対話してみないと（いろんな鍵を入れてみないと）分からない。先生だったり、クラスで一番

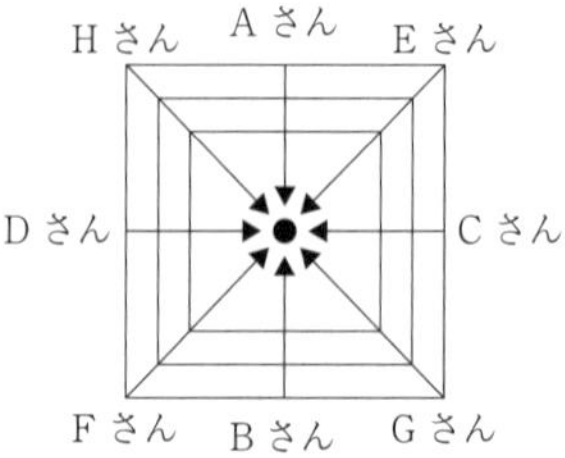

図4

勉強のできる子であったり、あるいは、いつも積極的に発言してい る子どもの鍵であるとは限らないのだ。普段あまり発言しない子ど もが、ぽそっといった言葉で「あ、そうか」となることも多い。そ の子が鍵を持っていたのだ。その子が発言しない限りそのドアはい つまでも開けることができない。だから、なるべくみんなが、自分 がそのとき考えたことを話してくれないと、対話はうまくいかない。 こういうことを、この子どもの描いた図は示しているようである。 だから、発言しないことは悪いことではないかもしれないが、考え ていることを発言した方が、対話が進むには良いことだ。なるほど。 かなり説得力のある考え方ではないか。

足して答えになる

上の考え方を延長させるようにして、次の時間では、また別の図が提案される。今度は、真ん中に銅像が立っていて、まわりにABCDEFGHと八人の人がいてそれをそれぞれの場所から見ているという図である（図4）。それぞれの人のところからしか見えない銅像の姿を、互いに共有しあって全部合わせれば、銅像全体が、つまり、一〇〇パーセントの銅像の姿が分かることになる、というのだ。たしかに、立体のものをいろいろな角度から見た像を総合して、全体像を描くというのは、コンピューターの画像処理などでよく見かけるやり方である。

似ているようだが、前回の壁の図とこの銅像の図はまったく違っているとも言える。壁の図では、到達しようとしている真ん中の空間がどうなっているか、あるいはそこに何があるかは、よくわかっていない。最後の壁を通り抜けた時に初めてそれがわかる。とは言え、その良くは分からない何かについてのある漠然としたイメージが共有されていなければ、そもそも苦労して何重もの壁を通ってそこへ行こうとは思ったりはしないだろう。何かが想定されているのだ。壁というのは、このばくぜんとしたイメージを修正したり、あるいはより具体化したりしていく過程で生じる障害を指しているに違いない。

それに対して、銅像の図では、その何かははっきりとしている。それは銅像である。ただ、見る人の立ち位置によって、その一部しか見えないのである。いろいろな場所から見える像を総合しなければ全体像が分からない。このように、銅像の周りに何人かの人間の立ち位置を想定するという考え方は、一見、心理学では有名な、ピアジェの三つの山の図に似ているようである。[21] この場合は、一メートル四方のボール紙の上に、大きさも形もそのてっぺんに在るものも違う三つ

(21) J. Piaget and B. Inhelder, *The Child's Conception of Space*, Routledge, 1997.

の山の模型が配置されている。子どもはボール紙の一辺の場所Aに座って、他の三つの辺B、C、Dに自分がいたら山の配置はどう見えるかを、別の同じような模型を並べて示すように言われる。あるいは逆に、ある配置を示されて、これがABCDのどの辺から見たものかを聞かれる。これにちゃんと答えられる子どもは、ピアジェによれば、今の自分がいる場所からの視点だけにとらわれることなく、他の場所からの視点に立って考えることができる段階にいることを示し、それはおよそ七歳くらいと言うことらしい。このように実際に動かないで、頭の中だけで空間を自由に動いてそこから見える光景を描き出すというテストをされたら、方向音痴でもあり、位置関係の把握が苦手でもある私は、七歳の子どもの一〇倍以上を生きてきた今でもけっこう難しくて、間違ってしまうかもしれない。いずれにせよ、ピアジェの三つの山では、子どもは異なる山が三つある、ということが分かっていて、その空間的な位置関係を問われている。

それに対して、銅像の場合は、一つの銅像があって、自分から見えるところ以外のところはどうなっているかわからない。もしかしたら、後ろの面は平らかもしれないし、横の面は正面とは全然別の像になっているのかもしれない。だから、頭の中で想像しようがないので、実際に自分が別の場所に動いて見るか、それができない場合は、別の場所から見ている人の証言が必要になるのである。ここがピアジェの三つの山との違いである。ピアジェは、人間（大人）の知能の特徴は、自分が今見ているもの（というか、自分の見方）や経験から脱して（脱中心化とピアジェは言っている）、俯瞰的な全体的な構造の中で物を見ることができることにあると考えている。三つの山というのは象徴的で、山というものは動かないものの代表である。そこに確固としてあるもの。山は場所を変えたりはしないし、その形も一定である。そしてその模型が子どもたちには与えられている。あの実験の前提はそこにある。だから、ちょうど数学の問題を考えるように、その不動の位置関係を、頭の中の知的な操作で考えることができるのである。これがちゃんとできるのが、すなわち、ちゃんとした大人の知能であり、子どもの知能はそこに向けての発達の途上にある知能だ、ということになる。

しかしこのクラスの子どもたちが考えている銅像は、それとは違う。Aの位置の子どもから見える像とBの位置の子どもから見える像とは全然違うかもしれないのだ。もちろん、普通の正常な像であれば、横向きは大体こんな風だろうし、後姿はこんなだろうと想像することはできる。しかし、それは絶対ではない。もしかしたらこの銅像はとんでもない後姿をしているかもしれないのだ。あの石の存在論の子どもたちの疑い深さを思い出してみよう。机の上の石は、もしかしたら石らしい形をした「スポンジかもしれない」。だから、見るだけでは足りないのだった。同じように、この銅像も正面から見た姿で、横や後ろの姿を想像するのではたりない。自分で見られないなら、実際に見ている人に教えてもらわなければならない。八人が見たものを全部足して全体像がやっとわかるのである。全体像は頭の中の幾何学的・数学的な論理操作によってではなく、何人かの人間の経験を足し合わせることによってしか得られないのだ。そしてこの〈足す〉という行為の前提にあるのは、他の人が皆、同じように真剣に見て、その見たものをちゃんと真

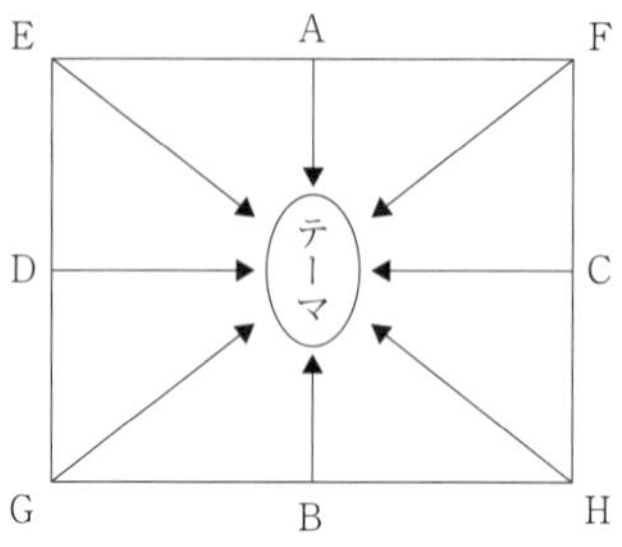

図5

面目に言葉で伝える、というお互いの間の信頼感であろう。そこに対話することの意味がある、ということであろう。たしかに。とまた私は思う。

しかしここで丸く収まらないのが、小学生の「てつがく」の特徴である。とたんに突っ込みが入る。「一〇〇パーセントの答えって何?」「てつがくに一〇〇パーセントの答えってあるの?」。私たちは今、数学の問題の解き方を勉強しているわけでも、理科の実験結果を確かめ合っているわけでもなく、「てつがく」をやっているのだ。「てつがく」というのはこういう答えの出し方をするんだっけ? ずっと「てつがく」の時間を経験してきた子どもたちは、こう自問し始める。

問いが深まることと広がること

そこでふたたび別の図が提案される(図5)。今度の図の特徴は、真ん中にあるのは銅像のような「もの」ではなく、「テーマ」だということである。この点に向かって、四方八方から(図ではAからGまで)やじるしが集中している。銅像からのこの変化は何を意味しているのだろうか。おそらく、ここで子どもたちは「てつがく」の対話というのは、銅像の全体像を求めるような対話ではなく、「このもの、それはいったい何なのか」という問いに向かう対話であるということに思いいたったのではないだろうか。私たちは今まで、時間や、地球や、夢や、自由や、石や、お金や、これらのものは「いったいぜんたい何なのか」を問う「てつがく」の対話をみてきた。このクラスの子どもたちも今、「てつがく」の問い方が他の教科の時の問い方と違っていることに思いいたったのかもしれない。

テーマというのは、みんなの思考が集中していくところである。時間なら時間というテーマに向かって皆がさまざまな思考をめぐらす。その思考の集中したその中心のところでは、それでは、どういう事態が生じるだろうか。それを子どもたちは、「問いが深まる」という言い方で表現している。「足していって答えを見つける」という考え方を出した子どもAに対して、ある子どもはこう言っている。「テーマからいろんな意見を言い合って、話が深まっていく。Aの考えだと答えが見つかる感じなんだけどそうではない」。哲学の対話では、答えが見つかるのではなく、問いが深まっていくのだということについては、他の子どもたちも異論はないようであった。たしかに、哲学の問いは、その対象が一見普通の物—例えば、一つの石—であっても、いろいろな見方を総合すれば答えが出るような問いではない。哲学的思考の対象となった時、石は、その形や大きさや色や重さや成分などが問題にされるのではない。そこで問われたのは、石が存在するということ、そして石が存在することが私たちにわかるということ、それはどういうことか、と

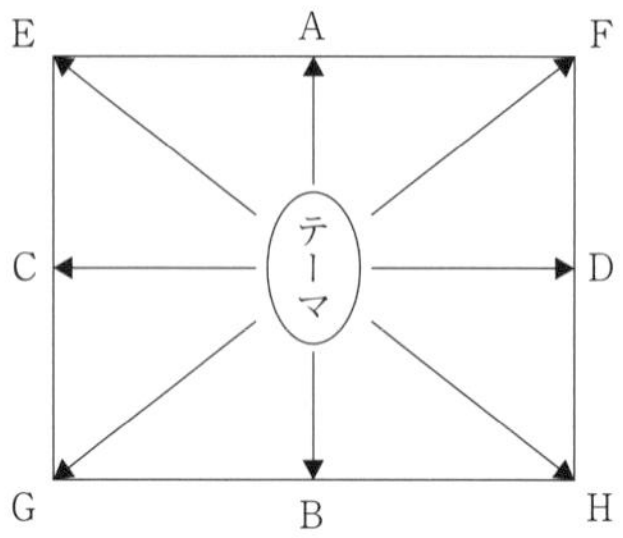

図6

いうことであった。このような思考の対象は、具体的なあれこれの形をした場所を持つものではない。「てつがく」はこういう不思議な「場所を持たないもの」について考える時間であった。場所を持たないもの、それは点で表わすこともできよう。場所を持たない点に向かって、たくさんの矢印が集中している図を見ていると、たしかに、その点がどんどん深く掘り下げられているような印象を受ける。

しかし、子どもの中には、「問いが深まる」ということには同意しつつも、やはりなんとなく納得がいかない子どももいる。「話を深めていくにはいろいろいろある」。てつがくは答えがないんだから、そのルートはいろいろある。たしかに、深めるためのルートは、一つではないだろう。じっさい、前回の授業のふりかえりで、ある子どもが、もう一つの図を提案していた（図6）。それは、テーマに向かって矢印が集中せずに、ちょうど反対に、テーマから周囲に向かって矢印がひろがっていく図である。この子どもによれば、矢印が集中する図は、「話が深まっていく感じで答えが見つかる感じなんだけど、てつがくは、本当はひとつのものからひろがっていくんじゃないかな」。こうして、てつがくの問いの深め方について、もう一つのルートが提案されたわけだが、矢印が集中するルートに比べると、こちらのルートはどう考えたらいいのか、なかなか厄介である。まずこちらの方のルートだと、みなが一つの点を考えるのではなく、一つの点から発したさまざまな問いを、それぞれが別々に考えることになる。つまり、一つのテーマを、それぞれが自分の観点から考えていくわけで、それは、勝手に考えるということにならないだろうか。ひとりで考えると「反対がないから、すーっと行っちゃう」のではないか。

池があるとする

ここで、前に出ていた、集中する矢印と広がっていく矢印を組み合わせたような案が提起される。たとえば、とある子どもがまた絵を描く。今度は図ではなく具体的なものの絵だ。たとえば「池があるとする」、と言って、池の絵が描かれる。池は水でできている。水の中には水草類が生えている。また、魚も棲んでいる。そこで、「R君は水草の研究を、H君は水の研究を、T君は魚の研究を……これ実際は別々のことだけど、結局みんな合わさってこの池についての話が深まっている」。

でも三人で三つのテーマ（水、水草、魚）をそれぞれ分担してしまうと、それぞれのテーマは一人で考えることになるから、やっぱり、「反対がないからスーッと行っちゃう」という懸念が出される。それに対しては、三つのテーマをそれぞれ複数で話してお互いに「反論」しあってやっていけば、「テーマは深まる」と提案者は答えている。広がりながら深まっていくということは可能なような気がする、と多くの子どもたちが納得する。それでもなお、納得できない子どももいる。そうやって行くと、テーマが「どんどん小さくなっていく。僕の中ではおかしいかな、と」思う。つまり、テーマがどんどん枝分かれして、「小さく」なっていく。それってどうなんだろう。そもそもそんな風に「無限に話が広がっていく」ようなやり方だと、池という「テーマがなぜ真ん中にあるのか」が分からなくなってしまうのではないか。それで「テーマって深くなりますか?」と疑問を出す子どもがいる。話が無限に広がっちゃう、というのは、池から始めた対話が、水の方や魚の方に行きっぱなしになって、池に戻って来られなくなる、ということだろう。真ん中にあってそこから矢印が外に広がっていたはずの、その真ん中が分からなくなってしまう。行きっぱなしになってしまわないためには、どうすればいいか。分担をやめて、みんなで水や水草や魚のことを「考えて上まで行っちゃった方が良いと思う。全員で考えて深いところに行ってをくりかえした方が、話はより深くなると思います」。つまり、みんなで水、水草、魚それぞれについて深いところまで話し合って、ある程度深まったら、元のテーマ、池に戻って考える、というのである。この場合、「深まる」というのは、おそらく、「池」というテーマに戻ってくるような形で「深まる」ということを意味しているのだろう。単なる水や水草や魚ではなく、池の水、池の中に育つ水草、池に住む魚について考えていけば、池とは何か、という本来のテーマ自体が深まるということであろう。

子どもたちがあげた例が「池」という「物」であったために、一見対話の方向はてつがくの対話というよりは、理科の研究の方に向かっているように見える。実際、「水草の研究」とか「魚の研究」という言葉がしばしば使われていた。「いろいろ合わさって研究していくことで深まっていく」という発言もあった。池というものを、それを構成しているさまざまな要素に分けて、それぞれを明らかにし、その総合として池の全体像を明らかにする。これはやっぱり、足して答えを出す、ということになるのではないか。池のアイデアにいまひとつ乗り切れない子どもの中には、「てつがくって答えがない」というこだわりが働いていたように見えた。そもそも、テーマに向かって集中する矢印の図から、テーマから四方に向かう矢印の図に変わったのは、「てつがくに一〇〇パーセントの答えってあるの?」という問いがきっかけだったのだから。

しかし、もしここであげられたテーマが、「池」ではなくて、例えば「幸せ」といったテーマだったとしたらどうだったろうか。幸せとは何かを考えた時、元気で健康であること、楽しく過ごせること、お金があること、たいせつな家族と一緒に過ごせること、などなど、さまざまな幸福の条件があげられるだろう。しかしこのように幸せであることをいろいろな面から考えだした途端に、健康って何? 楽しいってどういうこと? お金って何? 家族って何? という問いがいっせいに立ち上がるだろう。幸せという一つのテーマは、無限に広がっていく。広がりながらも、それぞれの問いは「幸せ」というテーマと結びついた問いとして問われているのだ。池のアイデアをこのように理解し直してみるならば、それは単に、足して答えを出す、というアイデアとは異なるものだということになるだろう。おそらく池のアイデアを出した子どもは、こんな風に考えていたのかもしれない。

なぜ海はあるのか

ここで、池の連想から「海」へと話は進む。身近な「池」から広大な「海」へ進むと同時に、テーマも「池とは何か」から「なぜ海はあるのか」というテーマに変わっている。「海だとする。なぜ海はあるのか。それでAさんが雨が降ったからだと言い、別の人が神さまが泣いたからだという」。つまり問いは、池とか海というものがどんなものであるのかという問いから、それらがなぜ存在しているのか、というい っそう根源的な問いへと向かっているのだ。私たちはすでに、二章で「地球」はなぜあるのかというテーマをめぐる対話について見てきた。その時、「なぜ」は二つの方向に分かれたのを見た。「どんなふうにして」と「なんのために」という二つの方向に。地球はどんな風にして今のように「ある」のか。この問いに対しては、隕石がぶつかってできた、とか、太陽の残りかすからできて今のような地球ができたのだ、というのが「理科的には正しい」と皆が認めた。他方、地球は一体何のためにあるのかという問いについてはなかなかそうすっきりとはいかなかった。そもそもそういう問いは成り立たない、理科的な「どんなふうにして」という問いしか存在しない、と考える子どももいた。理科的な「なぜ」以外の「なぜ」を考えずにいられない子どもたちは、地球は、生き物のために、あるいは人間のために作られたから「ある」のだ、と考え、そういう「ために」という目的があるなら、目的を抱いたものがあるはずだと考え、それを「神さま」と呼んでいた。

問いを深めることと広げることについて考える子どもたちもまた、「なぜ」という問いにぶつかっている。いったいぜんたい、海はなぜあるのだろうか。この「なぜ」に対して子どもたちは、雨が降ったから、という「理科的な」答えと、「神さまが泣いたから」といういわば神話的な答えの二つを対比させている。こんなふうにして、「なぜ」が二重の形で問われること。これは、集中していく矢印と発散していく矢印という二つの矢印だけでは表現できない。ある子どもが授業の終わり近くに提案しているもう一つの図がある。「図を立体化する。上から見たら階段みたいになっている」。これは、哲学の問い方には、平面図だけでは説明できないもう一つの垂直の次元がある、ということに気づいた発言だったのではないだろうか。「上から」見る。どんどん上にあがって見てみようとすると、その「上」はどこまで行っても限りなく、そこで子どもたちがとりあえず考えてみた「上」が「神さま」だったのではないだろうか。

「神さま側に行ったとするとテーマからどんどん広がって行く」。「最初は海で、神さまはどこにいるかになって……」。「みんなの中で神さまについての答えが決まったら、神さまと海の関係を話して行く。そうすると海の話も深まっていく」。理科的な答えの方は、たぶん誰もが否定できないものなのだろうが、それでもすくい取れない「なぜ」が残る。それを問うことが、てつがくの問いだ。「てつがくには答えがない」ということにこだわる子どもたちは、こんな風に考えているに違いない。そして、その「なぜ」を考えるとき、とりあえず「神さま」の側から考えてみようとしているのだ。しかし、「神さまはどこにいるのか」。はたして「神さまについての答えが決まる」時はあるのだろうか。これは、子どもたちにも、そして私にもわからない。分からないけれど、たった一つ分かっていることがある。「なぜ」という問いは決してなくならないだろうということだ。だから、てつがくの問いはいつまでも続いて行くだろう。終業時間のチャイムが鳴った後でも。

終章　「てつがく」の時間

ひとりでする哲学と二人でする哲学

前著『子どもと哲学を』を書いてしばらくたち、まだお茶小の「てつがく」の時間に出会うことのなかった頃、私は、すでに学校での哲学対話の実践に取り組んでいた方々と、ある学会でコロキウムをしたことがある。このとき、会場にいたある会員の方から、こうお叱りを受けた。「てつがくなんて、がやがやと大勢でやるものじゃない。ひとりでするものだ」。当時、まだ孤独な子どもたちがひそかに求めていた哲学と、大勢の子どもたちがにぎやかに対話する哲学との間に橋をかけることができていなかった私は、この言葉はもっともだと思い、それでも、やはりそう言い切ることができるわけではないとも思う、というあいまいで中途半端な立場に依然としてとどまっていた。そのことを、コロキウムの仲間の一人に話すと、その人は、「私はその二つは結局同じものだと思うんですよ」と答えてくれた。たしかに、この二つは同じく哲学であるには違いない。哲学であるならば、一見ずいぶん違うように見えても、そこにはおなじ構造とか同じ意味とかがあるに違いない。そうは思いつつも、その同じものが何であり、そしてこの一見違うものがどんなふうにしてつながっているのか、その通路というか、道というか、そうしたものを当時私は見出すことができないままであった。

ただ、『子どもと哲学を』の中でも書いたように、「ひとりでする哲学」というものが、現実には存在し得ないのではないかということは考えていた。人はひとりで考えるときも、言葉で考えるのであり、その時私たちはすでに、言葉を通して他者との間に不思議な「意味の世界」を共有しているのだ。哲学するということは、この事実に気づき、意味の世界の深さと広がりを探究することである。たったひとりで考えていた子どもたちのことを思い出してみると、彼らはこのことに気づかないままだった。言葉を覚えたての幼い子どもにとっては、言葉と意味の関係が問題になることはなかった。小学校も中、上級学年になると、子どもたちは言葉とそれが意味するものの関係が必ずしも一対一ではないことに気づくようになり、まじめにものを考えようとする子どもほど、ときに大人や「世間」が話す言葉に反発するようになる。それらの言葉は、本当の「意味」から乖離した「きれいごと」の言葉のように思われてくるのだ。本当の意味を求めて自問自答を重ね、この孤独な作業の中で道を見失ったり、逆に自分なりの「意味」を性急に作り上げてそれを絶対化しようとする子どもたちの姿を私は痛ましい思いで見ていた。誰よりも哲学を求めていながら暗中模索の中で力つきたように見える多くの子どもたち。かれらに欠けていたのは、意味をたがいに共有しあいながらも、同時にそれを相対化しあう他者という存在だったのではないだろうか。だから、ひとりでする哲学はいまだ哲学ではないと私は書いたのだった。

この後私は、大勢で対話する哲学を批判するもう一つの言葉に出会った。犬養道子『こころの座標軸』の、最後の部分にその文章はあった。(22) ちょっと長いが引用してみよう。

「このごろは子どもが抱く疑問や「哲学的」考察を、グループで「楽しく」話し合って「みんなで」解答を見つけてゆくやり方が、教育の主流になっているようです。悪いというつもりはないけれど、一対一の問答というものも大切、いや、この方が大切と確信するから。同じ年ごろの子どもが集まって、ああでもない、こうでもないと語りあううちに、ひとりの子が提出した問題、たとえば幼い私の抱いた大問題「時を戻して」の深刻さは少しずつ希薄されてゆき、こころの底に一生かけて考え答えを見つけてゆくはずの課題として残されるかわりに、「みんなで考えあう」楽しさの方が正面切って出て来てしまう。大人たちが組織したグループの中で「楽しさを与える」というのが現代のア・ラ・モードらしいけれど、私は反対です。」

(22) 犬養道子『こころの座標軸』婦人之友社、二〇〇六年。

二〇〇六年といえば、私の前著の出る五年も前、犬養氏はすでにこどもの哲学対話について聞き知っていて、はっきりと「私は反対です」と述べていたのだ。今更ながら不勉強が恥じられる。それはともかくとして、ここでは、一人の子どもがその後一生かけて考えていくことになる哲学との出会いと、みんなで楽しく話し合って面白さの方に惹かれていく哲学とが区別されている。文中にある「幼い私の抱いた大問題」というのは、犬養氏が他のエッセイ(23)でもっと詳しく述べている、彼女の六歳ころの経験を指しており、そこで問題となっているのは「時間」である。ロンドンに住む伯父から贈られた陶器製の人形を、これは遊ぶためではなく飾っておく人形よ、と言われたにもかかわらず、どうしても手にしたくて、ピアノの上から引っ張り下ろそうとして粉々に壊してしまった、というのが事件のあらましである。およそ六歳の子どもが経験しうる限りの驚愕と後悔と絶望の中で、彼女は、家のメイドがいつか、進みすぎた時計の針を箒の先でひょいと戻していた光景を思い出す。「早すぎたから、時間を元に戻すんです」と言って。「時間を戻す」、こんな素晴らしいことがあったのだ。しかし今、メイドに頼んでも、彼女は困ったようにしているばかりだった。でも、パパなら（彼女のパパは歴史に残る政治家犬養毅の息子で自身も政治家であり白樺派の作家でもあった犬養健である）できるはずだ。書斎に駆けこんで涙ながらに事の顛末を語り、時間を戻してくれるように頼んだ彼女に、話をじっと聞いてくれた父親は静かに言う。「道ちゃん、それは出来ないのだよ」。どうしてと聞く幼い娘に彼はさらにいっそう静かに言う。「時を戻したり、前の時に戻ったりすることは、誰にもパパにも出来ないんだよ」。さらにどうしてと聞く娘に「どうしてって、時は行っちまうんだよ。針と関係なく。帰って来ないんだよ」。時は追いかけることもできない。「時は決して止まらないんだ」。止まらないでどこへ行くの？　と執拗に問う娘に、父親は娘の悲しさを共有しながらも、「さあ」と言うばかりだった。万能であったはずの父にも決してできないこと、そして、「さあ」と言うしかないできない、わからないことがある。この不思議で非情な時間の中を人は生きている、それがこの出来事を父と共有することで幼い自分が学んだ哲学であった、と彼女は言うのである。

つまりここで彼女が言っているのは、ひとりでする哲学ではなく、取り返しようのない失敗をしたあとのパニックの中で、いわば激突するような形で時間の問題と出あってしまった子どもに対して、大人が、その子どもの哀しみと絶望を十分にわがこととして理解しながら、そのうえで時間の不思議と非情さを諄々と説いて聞かせる、いわば二人でする哲学のことなのだ。彼女は、「いまにして思えば、あの午後の一刻は私の人生最初の哲学的経験—むしろ宗教的経験—だったのです」とふりかえり、今、世の大人たちに対して、こういう時間を持つように、「忙しくても疲れていても、幼い者たちのつじつまの合わない「なぜ？」の問いを心して受け止め」てくれるように、つまりは、子どもが出来事の前で立ちすくみ、必死で「なぜ」と問いかけてきたときに、真剣に一対一の問答をかわしあい、その出来事を貴重な哲学的経験（むしろ宗教的経験）にまで

（23）　犬養道子『花々と星々と』中央公論社、一九七〇年。

育てるようにと勧めているのである。

考えてみれば、私が『子どもと哲学を』で読者たちに呼びかけようとしたのも、まさにこうしたことだったように思う。ひとりで黙って、多くの場合はそれぞれの心の痛みとともに、さまざまな問いの前に立ちすくんでいた子どもたちの声を、誰か一人の大人でも共感をもって聴き取り、いっしょに対話してくれていたなら、と悔やまずにいられなかったのだった。にもかかわらず、私はあの時、彼女のように、世の大人たち、とりわけ子どもを持つ親たちに直接呼びかけるよりもむしろ、学校に哲学を、と提案していたのだった。なぜだったのだろうか。今あらためてそう考えてみる。

あの本を書いたのは、犬養道子の二〇〇六年のエッセイを読む前のことだったが、読んだ後だったとしても、おそらく同じだったのではないか。なぜか彼女のように書くことがためらわれた、というか、できなかったのである。犬養父娘が交わしたあのような対話と経験を、世のすべての親たちに求めることは、なぜか当時（そして今もおそらく）私にはできなかった。親子の間の対話というのは実はなかなか難しい。子どもがごく幼い間は、子どもの方がいつまでも対話についてくることはなく、ふっと不思議そうに問いかけたまま、すぐさま別のことに気が向いてかけ出して行ってしまう。大きくなって自意識が出てきたころには、そもそも子どもの方が親にそういうことを話さなくなる。何か悩んでいるのか、とハラハラしながら見ているだけ、という情けない親であった私には、とても世の親たちに子どもとの哲学的対話を勧めることなどできなかったに違いない。私が『子どもと哲学を』で、親であることと子どもであることの双方の難しさについて一節を割いて書いたのは、そうした困難そのものとして、困難なままの親子関係をどうやって受容したらいいのか、という自らの問いに向けてのことであった。犬養父娘の間に生まれた二人でする哲学というのは、たしかに望ましい素晴らしいものではあるが、誰でもがいつでもできるものではないし、また、意図してできるものでもないような気がする。それは、さまざまな条件（大事な人形を自分の不注意で壊してしまったという事件、時計の針についての経験、六歳という子どもの年令、両親の人生観や性格、犬養家の環境などなど）がたまたま重なった中で生起した幸福な出来事というべきもののように思われる。それは人生に一度か二度、思いがけない時に起こって、年を取ってから忘れ得ぬ出来事として思い出すことができる、そうしたまれな、だからこそ貴重な出来事である。せめて一度くらいは、そういう幸福な出来事を我が子に経験させたいものと多くの親は思うが、しかし、それを出来事として想起するのは、子どもがずっと大きくなってから、あるいは年を取ってからのことで、当の対話の相手の親はそのことを知らないままに亡くなっている、ということも多いだろう。出来事とはそういうことだから。

こうして、ひとりでするのは哲学にはならず、二人でする哲学はまれな幸運に任されるものだとしたら、やはり、学校という誰もが行く場所こそが子どもが哲学と出会う場所としては最も確実なものなのではないか。恐らくは、そういう引き算的な発想も働いて、学校に哲学の時間を、と私は書いたのではないかと思う。

学校という場所

そもそも学校という場所は本来どのような場所だろうか。端的に言って学校というところは、いまだ諸々の現場から猶予をおかれている場所と言えるのではないだろうか。学校にもさまざまなタイプがあるが、今日の日本でいわゆる子どもが通うことになっている学校―小学校、中学校、高等学校―は、社会の現場に出る前の子どもがいわばその猶予期間を過ごす場所である。そこでは、社会に出たら必要であるとされるもろもろのことが学ばれるが、それが本当に役に立つのかどうかは、社会に出てみなければ分からない。学校にいる年令と社会の現場に出た時の年令は隔たっている。とりわけ小学校となると、そこで学ばれたことが役に立つかどうかが分かるまでには一〇年以上かかる。言いかえれば、学校というところは本来役に立つかどうかわからないことをしながら、子どもたちが大人になるのをゆっくりと待つ時間を過ごすところである。このような悠長な時間を、国民のすべての層の子どもたちに用意することができる国が、先進国と言われている国々だ。そしてアリストテレスによれば、このような悠長な時間こそが、哲学を学ぶにふさわしい時間である。何かの役に立つ、何かを作る、何かをする、そういう必要性で満たされていない、空っぽの時間（これをギリシャ語ではスコレーと言い、日本語では暇と訳されている）、そういう時間こそ、哲学が生まれる時間であると彼は言っている。スコレーという語を語源とするスクール＝学校は、本来この空っぽの時間を、社会の現場でどんなふうに役に立つのかよくわからないこととして過ごす場所であるとしたら、社会の現場の必要性から最も遠い小学校こそが哲学をするのに最もふさわしい場所であって、何も、「小学校で哲学なんて！」と驚くにはあたらないということになる。

こういう学校論には、たちまち四方八方から批判がおしよせてくるだろう。役に立たないだって？　学校は社会で生きていくために必要不可欠なことを教えているではないか。学校に行けなかったために、文字の読み書きや計算ができなくて生涯苦労した人たちはたくさんいる。今では、単に文字の読み書きができるだけでなく、電子機器の扱い方や利用の仕方も小さいうちから学んでいないと、将来大きな不利益を被るようになるだろう。今や国際語となった英語も。学校は、一部の恵まれた子どもだけがこういうことを学べるのではなく、すべての子どもが平等に学べるためにあるのだ。学校のあらゆる教科には、このような必要性が備わっており、だからこそ、子どもは学校に行くのである。こういう学校に行けることを、ありがたいとも思わずに、つらいとか退屈だとか嫌だという子どもは、ぜいたくというものだ。前著でとりあげた登校拒否の子どもたちは、まわりの大人たちのこうした無言の非難をいつもひしひしと感じていた。彼らと違ってちゃんと毎日学校に行っている子どもたちの中にも、学校の授業が退屈だと思ったり、学校で過ごす長い時間をつらいとか嫌だとか思ったりしている子どもたちはたくさんいるに違いない。それでも、たいていの子どもは、将来役に立つという大人の言葉に疑いを抱くことなく、授業時間をそつなくこなし、日中の多くを占める学校の時間の中に、自分たちなりの楽しさや面白さを見つけ出したり創り出したりして毎日を送っていく。この「楽しみ」の中には、時として、クラスのだれかをターゲットにしてみんなでからかったり、無視したりして相手の反応を楽しむ、というのもあるかもしれない。多くの子どもが、多くの時間を、閉ざされた空間の中で、何の役に立つのかよくわからないことをして過ごさなければならない時に、こうしたことが起こるのも不思議はないように思う。

学校に行けなくなった子どもの多くは、こうした「楽しみ」の犠牲者であったり、あるいはそもそも、こうした普通の子どもたちのように、学校の時間を当たり前のこととしてうまくやり過ごすことができなかったりした子どもたちである。前者の場合、学校は役に立つかどうかという以前に、苦しみの場所である。学校は役に立つという思いと学校は苦しいという思いとが拮抗した長い時間を耐えた後に、後者が圧倒してきてはじめて子どもは学校に行くのをやめるという選択をする。この選択は自分でしたのだから「自由な選択」と言えるかもしれないが、しかし、本書の第六章で子どもたちがさんざん議論していたように、自由というのはそんなに単純なものではない。

後者のように、学校の時間を当たり前と思うことができなかった子どもたちの一人は、こう言っている。

「何のために学ぶのでしょうか。学校に行って何を学ぶのでしょうか。自分にとって何の興味もなく、面白くもなく、そんなものを学んだって何の意味もないでしょう。……僕は、中学は行かなかったけれど、小学校で習ったもので、役に立ったものなんかほとんど無いし、役に立ってるなあというのは、計算なんかとちょっとした漢字だけだし、いま思うと、小学校でなにか勉強したのかなと思ってしまいます。」（前掲書）

そう言われてみれば、私にしても、子どもの時学校で習ったことで役に立ったと後で分かったものは、彼と同様、読み書き計算くらいのもので、それ以外のものは、大人になって必要性を感じたり、興味を持った時に、自分からいろいろな手立てを見つけて学んだものばかりである。多くの大人たちも、実は正直に言えばそんなところなのではないだろうか。しかし、読み書き計算ぐらいのものだったら、延々と一〇年以上もの間毎日毎日、朝早くから夕方まで学校に通いつめる必要はない。だから実際は、学校では、大人になってからさえも、確たる自信を以て「あれが役に立った」と言うことが出来ないような多くのものを学ぶ場所であるのだ。端的に言えば、学校の時間は、大半は、役に立つかどうかわからないムダに見える時間からなっている。こう考えるとき、本書第一章で出てきた、「ムダな時間」に関する対話が思い出される。「ムダかどうかは死ぬまで分からないんじゃないですか」。「一日という短い時間の中でムダにしたってことはあるけど、人生の長い目で見るとムダな時間とは言えない……一時はムダでも、将来役に立つことはある」。そして本文でも引用した極めつきの発言が、「ムダな時間を省ければ、こんなことを話し合うこともない」。今は役に立つかどうかわからないけれど、人生の長い時間の中で、いつかは、もしかしたら死ぬころにはムダじゃなかった、と思えるかもしれないことを、学校では学んでいる。そしてその役に立つかどうかわからない時間の最たるものが、この「てつがく」の時間だ。「短い時間」のなかで判断してムダな時間を省いてしまったら、たいていの教科は省かれてしまうだろうし、そのなかでまず最初に省かれるのは、この「てつがく」の時間だろう。

時間をめぐる子どもたちの対話は、学校という存在の本質をついており、そこから更なる考察へと私たちを導く。そもそもここで役に立つと言っているのは、何に役に立つということなのだろうか。もっとも短期間での「役に立つ」は、試験で良い点を取るのに「役に立つ」であり、もう少し期間を延ばせば、上級の学校の入学試験に「役に立つ」であり、さらに伸ばせば、自分のつきたい職業につくための就職試験に「役に立つ」、そして、多くの子どもたちは役に立つ職業につきたいと考えているから、有益な仕事をするために「役に立つ」、それ以外にも、人とのつき合いで常識のない人と馬鹿にされないのに「役に立つ」、とか、お金を上手に設けるために「役に立つ」などなどいろいろ考えられる。もしも子どもたちが「ムダな時間」についての対話をこういう方向に向けていたら、たぶんこんなことが出てきただろう。短期から長期になるにつれて、どれがどんなふうに役に立つのかはあいまいになって行く。学校の試験なら、出題範囲がある程度決まっているから、その範囲のものが役に立つ、と分かるけれど、その先になればなるほど具体的にどれがどれに役に立つかははっきりとは分からなくなる。

しかし、このように具体的に一対一対応させることが出来ない「役に立つ」というものもあるのではないだろうか。漠然と、なんとなく、それがあれば生きて行こうという気になるもの、いわば、具体的に何かをするためにというよりは、生きることそれ自体に役に立つ、というものもあるのではないか。前著で紹介したある中学生が求めていたのは、そういう勉強だったように思われる。私が学校とはどういう場所かを考えるたびに、いつも思い出さずにはいられない彼の言葉を引用したい。

「ところで、不思ぎに思うのは、地球という星があり、四五億年の間にこれだけ人間が発達するとは、思いません。なぜ、人間だけが、すばらしい才のうを持っているのかわかりません。なぜ人間が生まれたかも知りません。例えば、プランクトンから少しずつ生長して人間が、できたとしてもふしぎです。同じ人間なのに、英語、フランス語などがあります。言葉がちがうのもふしぎです。もしプランクトンから、人間が生長していったのなら、今から四〇億年後も気になります。全くわかりません。とこんなことを考えてました。みんなと、ちがうことをすると、いろいろ、ことが、うかんできます。ほんのちょっとしたものでも、深く考えたらわかりません。生きるためには、なにをするのか。これができれば、生きていけます。一日でも学校に行くことを思い、残りの人生を歩んでいきたいです。」（前掲書。本文はすべて原文のまま）

彼は、どういう子どもであるかといえば、こんなことをいっしょうけんめい考えているために、「みんなとちがうことをしている」ために、学校に行けなくなった子どもである。なんという痛ましい、なんというもったいないことだろうと思わずにいられない。学校というところが、理科でも社会でも国語でも、算数でも、「ふしぎです」「わかりません」「まったくわかりません」とたがいに確かめ合いながら、それでも粘り強く学び考えていく場所であってくれたなら。彼の問いに含まれている天文学や、地質学や、生物学や、歴史学や、言語学の知識そのものは、それらの学問の専門家になる人以外にとって、将来何の役に立つかは分からない知識ではあるが、しかし、それらの根底にある「不思議さ」「なぜ」を今学校で問い、考えていくことは、決してムダではない。それは将来のために貯金する勉強ではなく、今という時間を豊かに生きるために役に立つ勉強なのだ。さらに言えば、こうした知識以外の技能や芸術系の教科でもそれは同じように言えると私は考えている。例えば体育。体育の時間は、一流のアスリートを形成することを目的としているわけではないし、例えば、跳び箱のように高いところを弾みをつけて飛び越す、といったことは、よほどの非常事態でもない限り日常生活でそうそう起こることではないから、必ずしも生活で役立つ技能を教えているわけでもない。体育の時間は、言ってみれば、必要もないのに、わざわざ自分の体を、自分の体として意識しながら何かをやって見るといったようなことをやっている時間であるように見える。普段は自分と一体でことさら意識することもない自分の体。しかし、自分が自分の身体を持つということはどういうことなのだろうか。本書第四章の夢の話を思い出してみると、夢の中では、自分の体が自分の気持ちと関係なく勝手に遠くで動いているのが見えるのだった。それが自分の身体なのに、自分で思うように動かせないということは、夢の世界でなくてもいろいろな場面で起こる。いったいこの私の体とは何だろうか、体を持っているというのはどういうことだろうか。体育の時間は、この不思議を、身をもって経験する時間なのではないだろうか。動物の子どもは、じゃれあったり、追いかけ合ったり、ケンカし合ったりして、将来必要な狩りの動きを自然に習得し、大きくなると親と一緒に狩りに出て実地で学ぶ。どこにも「体育の時間」の入り込むすきはない。体育の時間は、人間だけが持つ、「役に立たない時間」の一つ、しかし人間であるということの不思議さを学ぶ時間の一つだといえないだろうか。そしてお茶小では、この四年余りの「てつがく」の時間と並行して体育の時間もまた、そうした観点から構想されてきたように見える。

学校という場所を、このように「役に立たない」、迂遠な、余計なことをするためにわざわざ社会の現場から離れたところに作られた、人工的な場所であるととらえ直してみてはどうだろうか。そのとき学校は、「ほんのちょっとしたことでもふかく考えたらわかりません。」と言うあの中学生のように、考えずにはいられない、なぜ？　と意味を問わずにはいられない人間という存在にとって、必要不可欠な場所となる。学校は、彼が、「これができれば生きていけます」と書いた、その「これ」ができる場所となる。このようにして、学校の本質を哲学の時間から逆照射してみること。哲学の時間を学校に、と書いたとき、私が本当に考えていたのはこういうことだったと今では思う。学校のかたすみに、他の教科とならんで「てつがく」の時間「も」割りこませてほしい、とあの時私は遠慮がちに書いたのだったが、本当のところは、「てつがく」の時間こそ学校の時間の本質をまっすぐに指し示している時間なのだ。長くて貴重な子どもの時間、そしてその時間の大半を埋めつくしている学校の時間、この時間を、ただ進学という目の前に迫った一時の役に立つことのために我慢して勉強する退屈な時間や、この退屈とストレスを紛らせるために、ある子どもをターゲットにして揶揄ったり、いじめたりして過ごす時間などとしてしまうのは、それこそ膨大なムダ、有害なムダと言うべきだろう。お茶小の新教科「てつがく」の時間の創設へ向けての取り組みは、実はこうした学校のあり方全体への問い直しを含むものだったのではないだろうか。二〇一五年に提出された研究課題が、新教科「てつがく」を、「他教科との関連を図り、教育課程全体で、人間性・道徳性と思考力を関連づけて育む」ものと要約的に表現した時、そこには実はこうした根源的な問いが込められていたのではないだろうか。

みんなでする「てつがく」

それでは、前著で見たひとりでする哲学と、犬養氏が幼い時に父とともに二人でした哲学と、学校でみんなでにぎやかにする哲学の三つは、それぞれどのように違うのだろうか。このことを、「時間」というテーマに即して具体的に考えてみたい。時間とは何かというテーマは、幼い犬養道子が初めて哲学を経験した時のテーマであったし、前著でとりあげた子どもたちの多くも時間についていろいろと考えていた。そして本書の第一章でみたように、学校の「てつがく」の時間でも子どもたちは何時間も飽きもせずこのテーマについて考えていた。同じテーマを考えるときに、そこにはどのような違いが見られただろうか。

まず、前著の中のたくさんある中から、ひとりで時間について考えていた子どもの言葉を一つだけ選んでみよう。

「どんな事が起こっても　時間は待つことを知らない　いつも俺たちを無視して　ただ動いている　みんなが時間に流されている　時間が止まればいいのに……みんなも時々そう思うだろう　時間に命なんてあるものか　時間に気持ちがあるものか　時間なんて止まるわけがない　そんなこと考えていても　何もはじまらない」（前掲書）

学校に行くことができずに、毎日家でひとりつらい時間を送っている子どもの言葉である。時間は、悩んでいる自分と関係なく、自分を無視して、止まることなくただ動いて行く。時間が止まってくれればいいのに、他のみんなだって時には自分のように考えるのではないか、そう自分に問いかけて、しかし時間が止まるわけがないと自分で答える。そして絶望的な思いで結論を出す。時間について考えたって、何もはじまらない。

他方、父娘が二人でした哲学はどうだったろうか。幼い娘が自分の過ちで人形を壊してしまった後、父親に時間を戻してと頼んだとき、父親が娘の問いに一つずつ答えながら話したことは、要約すれば、「時間の中でおこなわれたこと—善いことも悪いことも、うれしいことも悲しいことも—やり直しがきかない」ということだった。こういう時間の中で、取り返しのつかない行為を、いくつも繰り返しながら生きていく、それが人間というものだ、自分だけではなく、すべての人間がそのようにして生きていくのだ。これが二人でする哲学から幼い彼女が学んだ哲学であった。

一人でする哲学と二人でする哲学、この二つを比べてみると、驚くほどよく似ていることが分かる。両方とも、子どもにとってつらく耐えがたい経験が先にある。いわば、問題があって問いが生まれているのだ。みんなと同じように時間を送ることができずに、ただただ容赦なく過ぎていく時間を生きるしかない焦燥感。取り返しのつかないことをしてしまった後悔の念。そこから時間への問いが生まれている。問題から生まれた問いであるから、そこでは答えが求められている。それも必死の思いで。そこまでは共通している。違いは、前者の子どもは一人で自問自答し、袋小路に入り込むようにして、「こんなことを考えていても、何も始まらない」という答えを出しており、後者の子どもは、父親との対話の中を通して「取り返しのつかぬ行為の結果や悲しみを背負って、人は（幼い私も）生きてゆかなくてはならないという」答えにたどり着いた、という点である。問題から問いへ、問から答えへ、という構図は共有しながら、違いは、問い方と、そこから導かれる答えにあるのだ。犬養道子の父親のような大人があの少年の傍にいてくれたら、時間の無情さを同じように経験したものとして、彼と問いを共有してくれたら、と願わずにいられない所以である。しかし、彼の親を責めることができるものは誰もいない。彼自身がそういうことを親に問いかけることはなかったのだし、そういう年令に彼はいたのだろうから。

それでは、これらとは異なる、学校でみんなでする「てつがく」では時間についての問いはどのように問われ、具体的にどのように展開しただろうか。その詳細については本書に譲るとして、上の二つの例との比較でその特徴をあげるなら、第一に、問が始まるのは問題の発生の後ではなく、ただひたすらなる純粋な好奇心、あるいは「不思議さ」からであるという点である。時間とは一体何なのだろうか。時計の針は時間そのものではない。物でもなく、だから触ることも見ることもできない、しかし確実に存在しているように思われるこの時間とは一体何なのだろう？この究極の問いが「てつがく」の時間の開始を告げるのだ。第二は、ゆえにそこに展開するのは、答えを求めての対話ではなく、最初に抱かれた不思議さをどこまでも追求し続けるための（子どもの言葉で言えば「深める」ための）対話であるということである。この二つが何よりも大きな違いであるように思われる。最初の二つの例では、子どもたちはすでに生の現場にいやおうなしに立っていて、幼いながらも、生きるか死ぬかの切実な必要性に迫られて問うことを始めている。そういう時、人は答えを求めずにはいられない。答えを求めて問いは始まるのだ。他方、学校の「てつがく」の時間の子どもたちは、こういう生の現場からは離れたところに立っている。たとえ、一人一人の子どもの中には、幼いとはいえ、多くの現実的な悩みがあるに違いないとしても、

「てつがく」の時間はそういう悩みを共有しあう場ではない。「てつがく」の時間は、悩みを解決するための時間ではなく、「考える」時間である。そのように「てつがく」の時間は設定されており、子どもたちもそのことを知っている。だからこそ、あれほどまでに自由に、屈託なく、そして、執拗に、徹底的に、時間とは何かというテーマに肉薄する対話をあきることなく繰り広げられたのである。

学校での「てつがく」は、このように、他の二つの哲学と、問いの出発点が根本的に異なっているだけではなく、対話する相手に関しても大きく異なっている。最初の二つの哲学では、対話する相手は一人である。一人でする哲学の対話の相手は自分自身である。自分に向かって問い、自分に向かって自分で答える。問う自分と答える自分の間の往還が考える、と言うことだ。二人でする哲学の場合は、問う相手は自分の話をよく聞いてくれて、誠実に答えを返してくれる大人、つまり、自分ひとりに対して向きあってくれる特別な他者としての大人である。

「てつがく」の場合はまったく違う。問いがさし向けられるのは、自分と同じような子どもであり、しかも一〇人、二〇人、三〇人といった多数の子どもたちである。その多数の子どもたちは、自分の相手をしてくれるためにそこにいるのではなく、自分と同じように一人一人がそれぞれに、時間というものの不思議さを考えるためにそこにいるのである。だから自分が投げかけた問いに対しては、それぞれの子どもの関心から、様々な応答が返ってくる。時には、自分もそう思うと言う子どももいれば、全く反対のことを考える子どももいる。どんな応答が返ってくるかは、予測がつかない。どう答えたらいいか分からない質問が返ってくることもあるだろう。「てつがく」の対話には、予定調和というものは一切ないのである。このような対話こそが、真に「他者」との対話と呼ぶことのできるのではないだろうか。「てつがく」の対話の特徴は、このように、多くの他者との間に生起する、予測不可能性、偶然性、即興性、つまりは出来事性にある。そしてこの出来事性は、犬養父娘の間に生起した出来事とは異なる性格を持っている。「てつがく」の対話は、たしかに学校という組織の中で、教師が用意したグループの中で、ある決められた時間に行われるという意味では、人為的な性格を持っているし、それは大人が「与えた」ものだという犬養の指摘は当たっている。それはあるとき偶然に生じたのではなく、カリキュラムの中に組み込まれて存在しているのだ。しかし、対話そのものを見るならば、犬養父娘の間の対話が、もっぱら問うだけの娘に対して正しい答えで父が応答するという意味で、大人が与える哲学であったのに対して、「てつがく」の対話では、大人である教師が対話を方向づけたり、コントロールしたりすることはしない。ことはすべて、子ども同士の間で生起するのである。もとより論理学など学んだことのない子どもたちが、好奇心と驚異の念だけに導かれてたがいに問いを交し合って進む対話は、とうてい首尾一貫した整然としたものではありえない。この出来事性ゆえに、「てつがく」の対話は一見するとしばしばとりとめのないものに見える。ただ一回の授業を参観しただけではとうてい子どもたちの哲学の小道は見えてこない。当の子どもたちにしてもそうである。だから、対話は何度も繰り返されるのである。数回にわたる授業の記録に、同じ言葉が微妙に異なる文脈の中で何度もくり返されるのもそのためである。この反復こそ、本書でとりあげた「てつがく」の対話の特徴であった。

さらにもう一つの特徴は、毎時間五分から一〇分程度の時間で子どもたちが書く「ふりかえり」である。この時間は、複数の錯綜する対話が勢いよく流れた後に、子どもたちが一人になって、いわば時間を止めて、今起こった出来事を思い出し、自分自身と対話しながら考える時間である。このように、みんなでする「てつがく」の時間の中に挿入されたひとりでする哲学の時間。これはお茶小の「てつがく」において欠くことのできない重要な要素であるように思われる。この短い時間に、子どもたちは、友達が言ったあれこれの言葉を思い出しながら、自分にとっての「てつがく」の時間を再構成し、自分に対して物語る。ふり返りの短い文章の中には、それぞれの子どもが経験した、子どもの数だけの多様な「てつがく」が存在しているのだ。出来事は、物語られることによって初めて存在し始めるとしたら、子どもの数だけの「ふりかえり」こそが「てつがく」そのものであると言える。本書もまた、私自身のそうした「ふりかえり」の一つに過ぎない。

これで、当初の宿題への答えが書けただろうか。あまり自信はない。ただ、前著の後で経験することができた「てつがく」の時間が開いてくれた新しい哲学の光景のいくばくかは描くことができたように思う。そしてその地点からあらためて前著の子どもたちのことを考えてみると、あの子どもたちが持つことができなかったものが見えてくるように思われる。それは、自分は一人ではない、というごくシンプルな事実についての認識である。これは決して、悩みや苦しみを共有しあうとか、わかりあうということではない。世界があるということ、人間が存在するということがどういうことかを、たくさんの子どもたちが一緒になって、真剣に楽しく、そしてしつっこくかつ自由に、考える時間である。こんなふうに考える存在として、自分は彼らと共にこの世界にいるのだ、という事実に気づくことは、彼らの悩みを解決することはできなくても、悩みや苦しみの中で、生きのびるための力を少しは与えてくれたに違いない。あの中学生が言った「これができれば生きていけます」という言葉を私は信じている。

おわりに

最後に、本書の各章でとりあげた「てつがく」の時間の授業担当者のお名前を、授業のタイトルとそれが行われた年と日時、その時の子どもたちの学年とあわせて記します。なお、本書の中の子どもたちの言葉は、必ずしも以下に記した授業時間中のものだけではありません。他の、関連するいくつかの授業での発言、および複数回の「ふりかえり」のなかの言葉をできる限り多く拾い上げました。また、ごく一部の例外（「自由とは何か」の章での、FとIとMとKという子ども）以外は、発言した子どもを特定することもしませんでした。授業記録や実践記録の場合には、このことは不可欠であろうと思いますが、子どもたちの言葉全体が織りなすてつがくの図柄、あるいは、痕跡を描き出すことに努めた本書においては、あえて、発言者は匿名化してすべて「子ども」としました。実際、子どもたちの言葉は、しばしば名のある哲学者たちの言葉と同じでした。その際には、つい、哲学者の名前やその言葉の方を引用してしまいましたが、余計なことだったかもしれません。

第一章　「時間とは―人間と時間の関係」（六年生）　二〇一八年六月一九日　増田伸江先生
第二章　「地球はなぜあるのだろう」（三年生）　二〇一七年九月二〇日　田中千尋先生
第三章　「だれにとっても同じ「ある」ってどういうことだろう」（三年生）
　　　　二〇一七年九月二六日　田中千尋先生
第四章　「夢の世界って何？」（四年生）　二〇一六年六月二八日　久下谷明先生
第五章　「何が人を不自由にするのか」（六年生）　二〇一八年二月二二日　岡田泰孝先生
第六章　「ロボットに心をもたせてよいか」（六年生）　二〇一六年六月二八日　岡田紘子先生
第七章　「お金持ちはしあわせか」（四年生）　二〇一五年一〇月二七日　岩坂尚史先生
　　　　「住まいに、なってみる」（三年生）　二〇一六年九月二〇日　小沼律子先生
第八章　「対話するってどういうこと？」（五年生）　二〇一七年六月二七日　下田愛佳里先生

以上の先生たちには、貴重な資料を提供していただいただけでなく、執筆後の原稿を読んでいただき、細かい点のご指摘やコメントをいただくこともできました。お忙しい中ご協力くださったことに、あらためて心から感謝申し上げます。

授業における先生たちの言葉や行動については、本書ではほとんど記すことはありませんでした。先生たちは、いわば舞台の黒子のようにして、そこに「いる」ことに徹していました。しかし先生がそこに「いる」ことがなければ、これらの対話はそもそも存在しなかったでしょう。そ

してそこに「いる」ことのために、先生たちがいかに多くのことをしていたか、その一端にも私は触れることができました。そしてその背景には、「てつがく」の時間ってよくわからない、苦手だ、という先生たちが表明する違和感に対しても、それを受け止め、正面から向き合い議論しようとする教員集団の存在があります。ここにもやはり、予定調和はないのです。これらすべてを含めたものが、お茶の水女子大学附属小学校の「てつがく」の時間であったように私には思われます。本書のタイトルに使った平仮名の「てつがく」は、あくまでも、お茶大附属小学校の先生たちと子どもたちがここ数年間にわたって紡いできたある特定の時間の全体につけられた名称です。そしてこの名称の名づけ親は、私ではなく先生たちであることはすでに述べたとおりです。

『哲学から〈てつがく〉へ！』という本書のタイトルには、若い日の哲学との出会いから長い年月を経てた後に、哲学との新しい関係を模索しようとする今の私自身の思いもまた込められています。人は何のために哲学するのかと言えば、畢竟、良く生きるために、すなわちとりもなおさず、良く死ぬためだと私は考えています。生きること、死ぬことそれ自体は、考えようによっては、本書の第一章で引用したカルロ・ロヴェッリが言うように、とてもシンプルなことです。しかし、地球という天体が存在し、その上に一つの石があり、それを見ているこの私がいる、ということは、量子理論の粋を集めても解き得ない驚異でもあります。良く生き、良く死ぬとは、この世界のあらゆる出来事を、この驚異のまなざしでとらえ、生き、そして驚異とともに死ぬことにほかならない。「てつがく」の時間で、私は、この驚異と、あらためてもう一度出会うことができました。私には「てつがく」は、生まれたての赤ん坊の時の哲学そのもののように思われます。この赤ん坊は、たぶん、決して成長しない赤ん坊です。成熟した大人の哲学の中にもこの赤ん坊はそのまま存在しているのです。そうでなかったら、その「哲学」はたぶん、生きるのにも、死ぬのにもあまり役には立たないでしょう。「てつがく」の時間は、私にこのことをあらためて思い出させてくれたのでした。

なお、前著『子どもと哲学を』と同様、今回も本書の出版に際して勁草書房と編集者の藤尾やしおさんに多大なお力添えをいただきました。また、挿絵と表紙カバーの絵は、授業者のお一人である田中千尋先生が描いてくださいました。お二人に心からお礼を申し上げます。

二〇二一年二月

森田　伸子

著者略歴
1945年生まれ。東京大学大学院教育学研究科博士後期課程満期退学
現　在　日本女子大学名誉教授
主　著　『子どもの時代』（新曜社，1986），『テクストの子ども』（世織書房，1994），『文字の経験』（勁草書房，2005），『子どもと哲学を』（勁草書房，2012），『言語と教育をめぐる思想史』（編著，勁草書房，2013），『教育思想史で読む現代教育』（共編著，勁草書房，2013），ほか
主訳書　B. バチコ『革命とユートピア―社会的な夢の歴史』（新曜社，1990）

哲学から〈てつがく〉へ！
対話する子どもたちとともに

2021年2月20日　第1版第1刷発行

著　者　森《もり》　田《た》　伸《のぶ》　子《こ》

発行者　井　村　寿　人

発行所　株式会社　勁《けい》　草《そう》　書　房

112-0005　東京都文京区水道2-1-1　振替　00150-2-175253
（編集）電話　03-3815-5277／FAX　03-3814-6968
（営業）電話　03-3814-6861／FAX　03-3814-6854
本文組版　プログレス・平文社・松岳社

ISBN978-4-326-15471-5　Printed in Japan